AF396870

SYSTÉME

DE REMÈDE

A LA DÉTRESSE SOCIALE

ACTUELLE.

METZ,

DE L'IMPRIMERIE DE COLLIGNON.

M. DCCC. XXXII.

SYSTÊME

DE REMÈDE

A LA DÉTRESSE SOCIALE

ACTUELLE.

BUT ET PLAN DE CET OUVRAGE.

LE but de cet Ouvrage est de proposer et faire agréer un remède à la détresse actuelle de mon pays ; et voici mon plan :

Dans ma première partie j'expose cette détresse, et j'en dis surtout les causes matérielles et morales. Je dis peu de remèdes.

Ma seconde partie se subdivise elle-même en deux paragraphes. Dans le premier paragraphe j'établis que l'organisation sociale actuelle ne peut plus suffire, et que nous marchons à une grande modification ; dans

1*

le second paragraphe je combats quelques modifications nouvelles proposées par d'autres,
lesquelles ne me paraissent pas bonnes comme
remèdes.

Dans ma troisième partie, je pose enfin
et développe mon système.

LIVRE PREMIER.

DE LA DÉTRESSE SOCIALE ACTUELLE ET DE SES CAUSES.

PARAGRAPHE PREMIER.

Causes matérielles.

CHAPITRE PREMIER.

Des Machines.

Je crois que les machines sont pour beaucoup dans le malaise * du commerce depuis dix ans ; toutes les raisons que j'apporterai contre les machines viennent se réunir à ce résumé :

Qu'est-ce qui fait le malaise général ? Réponse ; Le non bénéfice de chacun, et non pas la mévente. Et qu'est-ce qui fait le non bénéfice ? L'impossibilité de

---

* On m'arrêtera peut-être ici pour me demander : Est-ce qu'il y a eu malaise depuis dix ans ? C'est qu'on ne se souvient plus du passé devant un plus mauvais présent. Qu'on se rappelle la crise commerciale d'Angleterre en 1825, et l'enquête commerciale de France en 1828.

maintenir ses prix ou de vendre assez cher, c'est-à-dire, l'extrême concurrence. Et la concurrence? La trop grande facilité à être concurrent, c'est-à-dire, la trop grande facilité du travail. Et la trop grande facilité du travail? Les machines.

C'est surtout des fabriques que je comprends parler.

CHAPITRE II.

Que ce n'est pas la mévente qui fait le malaise, mais le non bénéfice.

IL est évident que ce n'est pas précisément la vente qui manque, puisque rien ne reste et que tout s'écoule à la fin. Dans les dix ans qui viennent de se passer, où est le marchand qui n'ait pu se défaire d'une marchandise quand il a voulu? Aujourd'hui même encore que tout est arrêté comme s'il n'y avait plus de commerce *, qui peut mettre en doute que telle marchandise qu'on voudra écouler sur quel point ce soit de la France, ne trouverait pas d'acheteur? En théorie générale, tout ce qu'on voudra vendre se placera toujours; je ne dis pas à quel prix, mais se placera. Ce qu'il s'agit de savoir, c'est si la cause du malaise est dans le non placement ou dans le bas prix. Je dis qu'elle est dans le bas prix.

Je sais bien que c'est véritablement l'abondance de

* Ceci était écrit en juillet 1831.

production qui transporte la force et l'avantage des conventions du côté des acheteurs, et qui fait que les fabricans ne sont pas libres de leurs prix, et que si c'étaient les acheteurs qui eussent besoin de trouver, au lieu d'être, comme aujourd'hui, les fabricaus qui ont besoin de vendre, les fabricans deviendraient de suite les forts du marché, et imposeraient leur bénéfice. Je sais bien enfin que, sous ce rapport, il y a véritablement mévente, c'est-à-dire, absence de vente raisonnable ; mais tout cela, c'est précisément ce que je vais dire.

Arrivons donc à ce qui fait le non bénéfice ; à la concurrence.

CHAPITRE III.

De la concurrence.

Les machines fabriquant trop à la fois, et trop vîte, et trop à point nommé, il n'y a plus de spéculations à faire ; on enleverait en un jour toutes les pièces fabriquées qui sont sur une place de commerce, qu'il y en aurait le double deux mois après ; et cette progression est indéfinie, comme le nombre des machines qui peut s'augmenter à n'avoir plus de nombre. C'est surtout l'illimité, et pour ainsi dire l'infini du résultat des machines qui déborde et qui écrase la nature finie de l'homme, et qui ne comporte point de remède.

Les machines, en simplifiant les opérations de l'intelligence et en travaillant comme des êtres doués de raison, dispensent pour ainsi dire de tout apprentissage, et, à quelques réserves près, mettent un état quelconque à la portée des gens les plus étrangers. Je prends la fabrication de notre ville, qui est la seule que je connaisse bien : la fabrication des lainages ; c'est une des plus faciles, mais les autres doivent toutes lui ressembler, plus ou moins. Eh bien ! je trouve que les trois plus forts faiseurs n'ont pas même eu besoin de faire apprentissage ; et pourtant ils font, à eux seuls, le double de tous les autres ensemble ; et ils font bien, et peut-être mieux que personne.

CHAPITRE IV.

Facilité de la Concurrence.

Je prends un autre exemple : les draps de Sedan. Ici ce n'est plus tant l'apprentissage dont les machines dispensent que je veux considérer, que la facilité qu'elles donnent d'en fabriquer en tous lieux, contrairement à ce qui pouvait se faire avant l'établissement des machines ; mais en résumé, toujours la concurrence.

Pour faire du drap de Sedan, il y a cinquante ans sur un point donné de la France, autre que Sedan, il fallait y amener d'abord un surcroît de population ; la filature à la main, surtout dans le fin, demandant une grande quantité de bras pour travailler un peu un grand ; il fallait ensuite une génération pour habituer les gens du pays et leur faire la main ; il fallait amener hors de leur patrie des ouvriers habiles, et cela à grands frais ; il fallait des millions jusqu'à la réussite ; ce qui devenait presqu'impossible à des fortunes et à des existences privées, non pas précisément pour les fonds à faire, mais pour cette patience et cette longanimité dans l'essai, qui consentent à remettre la réussite à un autre âge. L'intérêt individuel, la patience individuelle ne vont point jusque là ; le plus ardent courage s'y serait réduit ; il n'y avait qu'une fortune nationale, qu'un intérêt et qu'un orgueil national qui l'auraient pu tenter et y réussir, comme fit Louis XIV. Mais cette tâche même à un Gouvernement devenait inutile et sans motif, dès qu'une première entreprise avait réussi, et subsistait, et pouvait décupler ses productions au besoin ; c'est-à-dire, en définitif, qu'un établissement sur le pied de Sedan ne pouvait jamais naître, ou ne pouvait naître qu'à toute extrémité.

Au lieu qu'aujourd'hui, pour faire du Sedan dans le premier coin de la terre, on prend un contre-maître qui ait travaillé à Sedan, et homme de confiance, avec des appointemens suffisans : on lui donne un crédit de deux cent mille francs, il part, il ramène des laines, en fait le triage, les met en teinture ; il s'adresse à la première filature avec la spécification des taux pour trame et pour chaîne ; la laine revient parfaite comme à Sedan même ; on sait ce qu'elle coûte à un centime près, on la jette en toile, on l'envoie à la foule, la tondeuse fait le reste. Et voilà du Sedan, peut-être aussi parfait qu'il y en ait sur la terre. Les choses vont vite, le maître n'a pas besoin de languir après le résultat, il peut le juger de suite , et l'améliorer vingt fois dans une année ; faire toutes économies possibles et agir en masse ; il peut voir le commencement, les progrès et la perfection de son entreprise, ce qui lui donne du cœur et le soutient.

Enfin son calcul est fait et il en est certain; il part, il offre sa marchandise à dix pour cent au-dessous, pour emporter de suite. Les routiniers et les vieux la refusent parce qu'elle ne vient pas de Sedan; un jeune dans chaque ville, qui en croit à lui-même, l'essaye et la pousse de toute son énergie; elle prend, et il accapare la vente. Voilà Sedan qui s'étonne et qui en cherche les causes; il les trouve bientôt. Il veut lutter de propos; mais les choses sont positives, et voilà un roi amené dans l'arène et obligé de combattre; et il combattra, sans exciter de pitié (le commerce n'en a pas), il combattra, dis-je, sous peine d'être oublié et bientôt inconnu. C'est la concurrence.

Encore. En simplifiant les opérations de l'intelligence, les machines économisent le temps et le travail, aidées en ceci par l'extrême perfection de la civilisation, les manuels de tous les arts, la science de la tenue des livres qui est maintenant générale; lesquelles choses classent les idées et les ordres, et permettent à un homme de prendre ensemble, deux, trois états tout-à-fait séparés et quelquefois étrangers l'un à l'autre. En résumé, toujours la concurrence.

CHAPITRE V.

Continuation.

Qu'arrive-t-il alors de tant de concurrens? Que devant forcément vendre tout ce qu'ils fabriquent et que les machines permettant de décompter les bénéfices à un centime près, il arrive, dis-je, que chaque fabricant, à l'apparition d'un concurrent et à la première difficulté de vendre, se dit à lui-même : je m'en vais réduire mon bénéfice de moitié et travailler le double. Tous l'imitent bientôt; la vente devenant toujours plus difficile, ils jouent ainsi au plus agile à couper le premier, toujours de moitié, jusqu'au dernier sou, qu'ils partagent encore par la nécessité, dans la fausse politique de toujours travailler le double.

Mais pour faire deux fois le double, il faut vendre le quadruple; et pour travailler ainsi, il faut user de crédit, et les échéances arrivent. C'est alors qu'il faut faire ce qu'on appelle un sacrifice, et vendre une première fois sans bénéfice, quand ce n'est pas à perte. Cependant la multitude des concurrens qui se suivent à la piste, poursuivis par la même nécessité, passent tous par le même chemin. Tous les jours il y a des coups pareils à faire par les acheteurs. L'acheteur abusé d'abord par tous ces rabais et supplanté à son tour par un concurrent acheteur encore plus habile, ou venu après lui, fait lui-même une école et un sacrifice; mais il achète ainsi la prudence qui n'est autre chose qu'une conspiration avouée et en plein jour contre les fabriques. Tout est au rabais ; et il s'établit à côté du vrai cours des choses qui n'est plus que nominal, un cours forcé, ruineux et absurde, qui devient le seul et le véritable.

Il en est ainsi, non pas seulement pour les fabricans, mais encore pour les marchands qui détaillent et qui écoulent les fabriques

Mais cette fois le mal ne vient pas tout entier des machines, il vient encore de notre degré de civilisation, de la facilité des relations, des transports, de la correspondance et des voitures publiques, jusques des énoncés de Gazettes. Lesquelles choses annoncent et apportent pour ainsi dire à tout l'univers, les besoins, les habitudes, les productions, les débouchés locaux ou locales où seulement d'accident ; mais par là réduisent tout au plus bas prix, mettent les hommes au niveau les uns des autres tous incapables de faire des découvertes à l'insçu l'un de l'autre, comme faisaient autrefois les plus intrigans ou les plus habiles, tout en les forçant en même temps à des frais individuels considérables et en leur retirant par la concurrence les occasions et les possibilités de grands bénéfices. Ceci devient général pour tous les commerces et toutes les industries, mais découle surtout de l'état de civilisation extrême où s'est montée la société, lequel n'est pas de ma question actuelle ; cependant je l'indique.

Je reviens. Une chose qui ajoute encore et qui vient doubler le mal pour les fabriques, c'est que la quantité de concurrens, qui tirent tous ensemble, tant peu que ce soit de la marchandise première, fait que cette marchandise première demandée par beaucoup est toujours recherchée et chère, tant qu'elle est marchandise première ; et par conséquence forcée, qu'aussitôt fabriquée, elle redevient vile, redevenant à l'envi, offerte et poussée par tous à la fois.

J'ai insisté beaucoup sur la facilité et l'exactitude à décompter le coût des produits que donnent les machines; en effet, c'est que c'est cette exactitude et cette certitude rendues si faciles, qui permettent de réduire ainsi graduellement les bénéfices ; en d'autres termes, qui mettent les hommes trop de niveau et trop égaux en force et en intelligence. Voilà ce qui les rend si malheureux, toujours les bras roidis, et dressés l'un contre l'autre, toujours dans un état forcé et violent, avec les mêmes prétentions et les mêmes moyens, ne pouvant rien céder à personne, ni rien emporter non plus.

CHAPITRE VI.

Continuation de la Concurrence.

C'est ici que cette fatalité de la concurrence commence à rejaillir sur la classe ouvrière. Le manufacturier qui a rogné d'abord sur son bénéfice, arrivé à son dernier retranchement et toujours poursuivi par la concurrence, doit rabattre encore à celui qui achète, ou être écrasé; c'est alors que ne pouvant plus mordre sur lui-même, il est obligé, pour innover encore, de se retourner sur ceux qu'il emploie ; pour lui il n'y a que deux moyens au monde pour n'être pas encombré : ou réduire le travail, ou baisser le prix de l'ouvrier. Il propose l'alternative, il n'y a pas à réfléchir, il est accepté; et le voilà encore tranquille sur l'écoulement d'une année; pourvu que ce soit lui qui y ait songé le premier.

Mais ses concurrens qu'il a supplantés cette fois, le supplanteront à leur tour à la première campagne, en réduisant leurs ouvriers encore plus qu'il n'a fait lui-même et qu'il n'aurait cru possible. Et tous les ans il en sera de même d'une fabrique, respectivement à l'autre, offrant toujours aux ouvriers la terrible alternative; seul moyen en effet qui ait été laissé à l'homme dans cette occurrence, seul moyen qui serait laissé à Dieu même dans un état pareil, si lui ne s'était réservé la puissance de bouleverser et de remuer les choses par leurs fondemens et par leurs racines.

Ce sont ces simplifications de moyen d'abord, et par suite ces recours misérables de retranchement, qui, depuis dix ans, (nous nous en souvenons tous) venaient étonner chaque année au commencement d'une saison, acheteurs et consommateurs eux-mêmes, sur ces ressources inconnues de rabais, qui semblaient depuis long-temps devoir être épuisées et ne plus laisser de limites. Les consommateurs, dis-je, qui sont eux-mêmes ces malheureux ouvriers souriant de payer dix sous de moins une aune d'étoffe qui leur dure une année, au prix d'une somme pareille, mais qu'on leur retient tous les jours.

CHAPITRE VII.

Malaise et Ruine.

Voila les choses comme elles se passent depuis dix années, allant chaque jour à un rabais bien marqué et attendu d'avance. Aujourd'hui elles sont arrivées au dernier degré de dépréciation de salaire pour le maître et l'ouvrier, passé lequel le maître ne pourrait plus maintenir sa balance, ni l'ouvrier gagner pour du pain.

Et c'est bien ce qui s'est vu depuis que la révolution est encore venue jeter un obstacle à ce misérable train de vie : réduire pour l'ouvrier, non plus le salaire, mais (ce qui est la même chose) les heures du travail qui était devenu irréductible au taux misérable du salaire ; jeter hors de combat le maître, qui avait besoin, même pour vivre et continuer ce misérable train de vie, que ce misérable train de vie ne s'arrêtât pas un seul instant, et que le mouvement machinal de la roue des affaires vînt rendre exactement jour, par jour, le même denier qui avait été absorbé la veille. Ceci n'est pas encore pour les ruines éclatantes et bruyantes qui se sont faites jusqu'ici, lesquelles sont dues à une autre cause, mais pour les ruines qui couvent seulement encore, qui se rongent comme un cancer, qui vivent encore de leur substance, et qui apparaîtront à milliers, sans aucun doute, si les choses ne changent point, mais plus tard et sans tant de bruit.

Si les choses pouvaient aller plus loin elles iraient encore ; mais c'est bien assez, car c'est le dernier degré de misère pour les uns et pour les autres. Extrême malheur inséparable, peut-être, de l'extrême civilisation, qui fait mettre en doute, dans des momens mortels, si l'extrême civilisation est vraiment un bienfait pour l'humanité ; d'autres fois, si la barbarie ne nous reviendra pas de l'extrême civilisation.

Voilà ce point où l'on est parvenu, que le malaise du peuple, manifesté par les émeutes mêmes et les dernières violences, ne sert plus à rien. Que servent les émeutes ? que sert la violence contre des gens qui se trouvent ruinés comme eux à cet état de choses ? Leurs maîtres pourraient leur donner les clés de leurs ateliers avec un visage triste, mais désormais plus tranquille et leur dire : Allez, brûlez, dévastez, vous nous rendrez ce service, que vous anéantirez les instrumens de notre ruine et la cause de notre déshonneur et de nos insomnies, et que vous nous délivrerez d'un recommencement de choses qui nous rendrait toutes nos peines sans nous rendre l'espérance.

CHAPITRE VIII.

Continuation.

J'ai dit que l'on décline ainsi de rabais en rabais jusqu'au dernier sou, et qu'en résultat, les bénéfices restent à peu de chose ; ajoutez alors les frais de voyage qui deviennent nécessaires dans telle concurrence ; les rabais

et raccourts, et autres chicanes dont la mauvaise foi profite, ou même la seule difficulté des affaires, dans un tel
déluge d'offres de marchandises; dans un malaise général,
les faillites qui suivent. Les bénéfices alors se réduisent
à quatre et cinq pour cent de produit net, du moins
pour les objets de fabrication courante (et toute fabrication devient à peu près courante); produit tout au plus
suffisant à l'entretien d'une famille; et encore si la vente
annuelle s'élève assez haut.

Et les intérêts, pendant ce temps-là, des fonds étrangers
dont on ne peut se passer dans cet état de choses, qui
courent et qui grugent! Tout se fait en masse, il est vrai,
on brasse les affaires; on en fait d'immenses. Mais ré-
duites sur tous les points et par tous, à leur plus simple
expression, elles n'en rapportent pas plus pour cela sur
la masse, si chacune en détail ne rapporte rien.

Que sont quatre et cinq pour cent pour nourrir une
famille et payer des intérêts dans une fabrication de dra-
perie, je suppose, où il y a tant de non-valeurs, pour
mauvais foulage, manque à la teinture et à l'apprêt,
par dégât des vers, humidité des laines, vols à la manu-
tention et au tissage? Cinq pour cent ne sont rien; il en
faut au moins quinze à vingt dans l'état d'aujourd'hui
pour assurer le maître.

Ne jamais amasser et perdre quelques fois doit nécessairement à la fin produire un déficit.

Il est vrai que ceux qui auront assez de fortune pour
se passer du crédit, gagneront le double et se pourront
maintenir. On voit que tout ici est jeté, comme partout,
à la loi de la force; c'est celui qui a déjà beaucoup et
qui n'a pas besoin d'autrui, qui peut gagner seul et amas-

ser encore, tandis que les autres ne peuvent pas même vivre. A celui-là son bénéfice reste tout entier, n'ayant à le partager avec personne; l'autre, obligé tous les ans de faire d'abord la part des intérêts, n'aura pas même son avoir primitif au jour de la liquidation. Voilà l'histoire de bien des familles. Cette malheureuse force se retrouve partout; mais ce cas n'est plus une objection, ce n'est tout au plus qu'une exception à la ruine générale.

La concurrence, dira-t-on encore, finira par rester entre les trois ou quatre forts de l'endroit; (je passe encore sur la ruine de tous les autres,) mais les forces motrices ne manqueront jamais à l'homme, l'ambition ni la jalousie non plus; ces trois ou quatre forts seront bientôt les rivaux outrés l'un de l'autre, pouvant, comme ils n'y manqueront pas, revenir à eux seuls au taux de productions qu'ils formaient auparavant tous ensemble, et ramener ainsi toujours la concurrence. Mais la ruine des autres......!

Je dis ruine; eh! que sert la ruine ou l'expérience à ceux qui vieillissent? Après leurs dix ans d'expérience, et quand ils s'entendraient enfin pour se corriger, et devenir sages, voici venir des jeunes qui ne savent rien et ne sentent que leur force, qui vont rétablir dans leur énergie l'état outré dont on était revenu, et continuer le désespoir des choses, jusqu'à ce que, dans dix ans plus tard, d'autres jeunes encore une fois s'en viennent se dresser brutalement et imbécillement contre eux, et recommencer le cercle fatal de l'éternité.

Sans parler après cela des fautes particulières et individuelles que l'introduction dans les affaires du système des machines fait nécessairement commettre, et contre lesquelles la masse des hommes ne pense à se mettre en garde que plus tard, comme il arrive dans toutes les grandes modifications sociales. Je n'en citerai qu'une seule : celle qui arrive dans les temps de hausse de marchandises premières.

Pour me faire comprendre dans cet exemple, il faut auparavant admettre ce principe que ce qui fait la hausse d'une marchandise donnée, c'est autant l'opinion que le besoin ou la rareté réelle.

Cela établi, les machines en engloutissant à la fois une plus grande quantité de marchandises, et donnant le champ libre à des spéculations énormes de fabrication, appellent et accaparent des quantités énormes de ces marchandises, et doublent ainsi la force de cette opinion de hausse, pour en inonder le monde un moment après, et les avilir en les revomissant travaillées. Mais la perte est faite.

CHAPITRE IX.

Une objection.

Les machines ôtent le monopole, j'en conviens ; mais ce n'est pas tant le monopole qu'il s'agissait d'ôter et un objet d'envie, qu'une amélioration dans les produits et un mieux être dans les masses qu'il s'agit d'atteindre. L'amélioration est incontestable ; c'est le mieux ou le pis être qu'elles établissent qui est ma question.

Il est vrai que les machines économisant le prix, elles ont l'air de favoriser le consommateur en lui faisant payer moins cher chaque objet acheté. Effectivement elles le favorisent; mais c'est dans ses besoins de luxe et d'orgueil, et nullement dans ses besoins matériels de ressource et d'économie, où est je crois la question actuelle.

Tout compensé : et le moins de durée des choses, et le surplus de façon à l'ouvrier, et la pudeur du bon goût qui ne souffre pas de disparité dans la toilette, et les modes nouvelles qui tirent si bien parti de tant de renouvellemens, et le goût et le luxe qui s'y perfectionnent et qui viennent créer mille nécessités ; tout cela laisse bien peu de place aux vraies économies, que, bien loin de là, il se fait sans aucun doute plus de dépenses, et que la masse des déboursés est plus forte.

C'est-à-dire, qu'au lieu de porter un habit quatre et six ans comme autrefois, le consommateur peut en user deux ou trois pour le prix d'un seul; c'est-à-dire encore, que de cette manière il peut avoir des habits pour ainsi dire magnifiques pour le prix de ses anciens habits de toile ou de tiretaine. En cela les machines sont en harmonie avec les lumières et la civilisation, en faisant disparaître la différence des conditions, et en relevant l'extérieur et la représentation de l'homme au contentement de son goût et de sa propre estime, ce qui est le premier triomphe et peut-être le premier besoin de l'orgueil social; mais c'est l'orgueil qui jouit tout seul à cet avantage, et un besoin tout moral qui ne tient en rien au bien-être physique, et qui lui est même ennemi.

Veut-on dire que dans la présente et future organisation sociale, les besoins de l'homme sont intervertis, et que ce sont les moraux qui viennent les premiers et qui ont le droit de passer avant tout? Dans ce cas je n'ai plus rien à dire, et tout est pour le mieux; mais toujours est-il, en finissant ce paragraphe, que les machines alors sont nulles au consommateur pour l'économie matérielle et finale, seule affaire qui me suffirait et qui me suffit dans ma question, n'ayant pris à traiter que les intérêts matériels.

Je ne veux pourtant pas dire que les besoins matériels ne gagnent absolument rien aux machines: si fait. Je conçois qu'un ouvrier économe, de grand caractère et d'intelligence dans tout le cours de sa vie, et un ouvrier ordinaire dans des momens de détresse, pressé par la force, se restreint au tout juste nécessaire, et trouve alors économie dans le prix de ce tout juste nécessaire. Certes, il peut y avoir quelque chose, il y a même quelque chose; mais allez chercher les gens de génie et de grand caractère. Ce n'est pas cela que l'on voulait dire.

CHAPITRE X.

FAUX REMÈDES.

De la civilisation universelle et de la liberté indéfinie du commerce.

On dit pour remèdes : La civilisation universelle, la liberté indéfinie du commerce. Je crois que c'est l'empirement du mal.

La civilisation portera l'industrie où elle n'est pas encore : si je ne me trompe, c'est le piége et le tombeau de l'Angleterre dont elle approche. Au lieu d'être comme elle est aujourd'hui le pourvoyeur du genre humain, chaque peuple sera le sien à lui-même, et cherchera encore à pourvoir les autres. C'est ainsi qu'on va à un but pensant aller à un autre. Pour le moment, il est inutile de m'étendre sur ce point, je l'indique seulement.

La liberté indéfinie du commerce ne remédie à rien ; elle donne plus de facilités aux peuples, pas d'avantage aux individus. La scène est plus vaste, mais il y a plus de monde ; il y a plus de chances, mais il y a plus d'obstacles ; l'univers devient un seul peuple, voilà tout. Il peut y avoir à cette liberté, comme je ne doute pas qu'il y en ait, des aperçus généraux et véritablement grands et utiles, et généreux et sublimes, mais d'un autre ordre. Je n'ai pas ici à les voir, me restreignant à mon sujet.

La liberté absolue du commerce est dans l'intérêt des peuples forts, et en avance des autres peuples ; mais elle est contre les peuples faibles et en arrière. Je crois qu'elle est dans l'intérêt de ma patrie ; mais si j'étais de certains peuples que je connais, je sais bien que je ne l'admettrais point : voilà pourquoi j'y penche peu. Je sens qu'elle serait une duperie, et que pour le certain elle ne prendra point.

CHAPITRE XI.

Des relations à ouvrir avec l'Amérique.

On dit : Ouvrez des relations avec le nouveau Monde. Mais c'est voir seulement le présent. Et quand il sera pourvu le nouveau Monde, et quand la civilisation, et l'ordre, et l'industrie y auront pénétré, et qu'il aura lui-même ses machines, comme cela arrivera infailliblement ?

On ferait sortir un univers entier du cahos, qu'on l'encombrerait encore avec nos seules machines actuelles et nos moyens présens de production, comme ils pourraient être. Que serait-ce si l'on y portait l'industrie ? Il faudrait bientôt créer un troisième monde, le double cette fois du premier, pour épuiser les productions des deux autres : ce n'est que reculer la difficulté.

Croit-on que l'Amérique (si elle a des machines) qui produit elle-même ses cotons en poil, se contentera long.-temps d'être approvisionnée par Rouen et Mulhouse, et de leur payer les frais et les chances d'un double transport? Non certes, elle voudra s'approvisionner elle-même, et bientôt elle voudra nous approvisionner encore, et peut-être encore qu'elle y parviendra.

Je sais bien que les bénéfices faits pendant ce temps-là par la nation, la plus alerte et la plus habile, seront toujours faits, et qu'en se tenant toujours ainsi à la tête de la civilisation à chaque époque critique à mesure qu'elles viendront, on pourra enfin fournir sa carrière et s'assurer la fortune; mais c'est raisonner pour les créateurs et pour les forts, et laisser tout-à-fait les autres. C'est dire : Soyez les plus forts, et vous serez les plus forts; et ce n'est toujours que des remèdes à temps. Ce n'est pas non plus ce qu'on voulait dire.

CHAPITRE XII.

Que le peuple n'a déjà que trop de besoins.

Les modifications, dit-on encore, de la production sont à l'infini. Qu'on crée des nouveaux objets de besoins sans cesse et à l'infini, et alors toutes choses seront recherchées et chères, et il y aura bénéfice sur toutes choses. C'est bien ce que l'on fait dans cette sommité de civilisation où nous nous trouvons; mais les créateurs ne sont-ils pas limités? C'est sauver les créateurs ; mais encore une fois que deviendront tous les autres ?

Au surplus, il n'est que trop vrai, créez du beau et de l'utile, en d'autres termes, créez de nouveaux besoins. Mais Dieu merci ! ce ne sont pas les besoins qui manquent, nous le voyons trop ; toutes les classes s'avancent et se civilisent, et ne prennent que trop de nouveaux besoins ; ce ne sont pas les besoins qui manquent, n'oublions pas que c'est l'argent qui manque ; ce sont les bénéfices assez forts qui manquent pour faire face à tous ces nouveaux besoins transitoires et de tous les jours ; en même temps que pour assouvir le besoin de fortune et de puissance, mais permanente et de fond ; le besoin par excellence de notre siècle tout positif et tout de fortune.

Car le commerce comme je l'entends encore et comme il est à plaindre jusqu'ici, n'est pas, comme on pourrait le croire, l'échange des besoins actuels et instantanés de chacun, les uns contre les autres, pour le plus de douceur de la vie, comme furent les premières transactions chez les peuples simples ; mais le courir-sus au bénéfice et au lucre pour l'augmentation de sa fortune et de sa puissance. Voilà le commerce ; c'est tout bonnement une des trois ou quatre routes pour s'élever, qui ont été données à notre orgueil, et que notre orgueil a choisie.

CHAPITRE XIII.

Que la diminution du taux de l'intérêt n'est pas un remède.

On parle d'encourager le crédit, hélàs ! il n'y a que trop de crédit. C'est le crédit qui trompe et qui tue le commerçant ; il ne peut faire que pour les intérêts, il ne fait rien pour lui-même. Un jour viendra que les prêteurs, en plaçant leurs fonds, feront la part des banqueroutes qui seront inévitables. Un jour viendra alors que les banqueroutes ne seront plus odieuses, à force d'être communes et nécessaires.

Comme je vois la marche des choses, je pose en fait que l'homme ordinaire et qui n'a point de conceptions supérieures ne peut avec toutes ses peines et tous ses chagrins, aboutir qu'à sa ruine, et encore à la ruine des autres ; car, en définitif, il faut bien qu'il poursuive, puisqu'il faut qu'il vive ; il faut qu'il vive lui et ses enfans ; il faut qu'il travaille et qu'il ruine les autres tout en travaillant ; tout de même qu'il faut que ces mêmes autres lui livrent leurs capitaux à tous risques et hasards, pour commencer eux-mêmes par vivre. Si cet état de choses est vrai, on peut voir s'il peut durer ; mais il peut durer, tous les malheureux s'usant et s'éteignant tour-à-tour, après quinze ou vingt ans de vie apparente, et les vaincus du lendemain, n'étant déjà plus les vaincus de la veille,

Et qu'on ne croie pas y remédier plus tard en diminuant le taux de l'intérêt : on ne paierait rien d'intérêt, on ne paierait rien de main-d'œuvre, on ne paierait même pas la matière, qu'on ne gagnerait pas davantage. Selon que les frais déchoiraient, tout déchoirait de prix à mesure. Ce n'est pas l'intérêt, ce n'est pas la main-d'œuvre, ce n'est pas le haut prix de la matière qui ruine quand on gagne assez. Ce qui ruine, c'est le non bénéfice, comme le bénéfice est ce qui enrichit.

CHAPITRE XIV.

Continuation.

Il y a de l'exagéré dans ce dernier paragraphe : certes, il est faux qu'il faille forcément qu'on se ruine et qu'on ruine les autres tout en travaillant. L'homme vivra toujours, j'entends l'homme sensé ; un état quelconque nourrira toujours son homme, et se relevera forcément jusqu'à l'entretien au moins d'une famille, cela est évident ; mais je vois le lieu que dans l'extrême civilisation de l'homme contre l'homme, et l'extrême simplification et économie des moyens, les choses peuvent être amenées au point de ne plus laisser de secret à personne, sauf quelques exceptions en faveur des créateurs ; de ne plus laisser, dis-je, de secret à personne, rien d'inconnu d'un homme à un autre et, dans cet état de guerre, de ne plus laisser à la lettre, *que pour du pain, le pain quotidien ;* seule chose, en effet, où il n'y ait plus pour per-

sonne d'économie possible, qui sait? (Dieu me le pardonne), seul terme peut-être où la rationalité humaine
tende enfin à amener l'homme mortel doué de raison
et ne vivant qu'un jour, pour le distraire du sceptre des
soucis et le mettre en possession de sa vraie royauté : la
pure intelligence.

Mais alors on conviendra que la rationalité humaine
ressemble beaucoup à la Religion, et que celle-ci avait
de beaucoup dévancé l'autre, j'entends sous ce rapport.
N'en serait-il pas de même sous bien d'autres?

CHAPITRE XV.

De la guerre comme remède.

Enfin j'ai entendu invoquer la guerre. La guerre peut
être considérée comme consommation extraordinaire de
produits, ou comme anéantissement de concurrens par
la mort, ou comme distraction de ces concurrens à des
emplois autres et à des carrières nouvelles. Ces deux
derniers rentrent l'un dans l'autre.

Comme consommation extraordinaire, ce n'est qu'un
remède à temps et qui ne suffit pas à une intelligence
exacte et positive, la guerre étant un état contre nature
et qui ne peut durer. Autant vaudrait penser de jeter
tous les ans des masses de productions à la mer.

Comme anéantissement de concurrens, nous sommes
dans des temps trop relevés et trop fiers de leur estime

pour s'arrêter sans remords à des remèdes pareils. Quant à l'attirement de ces concurrens à une nouvelle carrière, les plus jeunes sont derrière qui attendent déjà. Ce n'est encore qu'un remède à temps.

Je calcule ce que les guerres de Napoléon ont fait périr d'hommes, je les mets à deux millions, et jamais il n'y eût plus grande consommation d'hommes en même espace de temps. C'est un peu faible pour toute l'Europe, mais bien certainement trop pour la seule France. Eh bien! qu'est-ce que deux millions d'hommes pour toute la France? Supposons la France de trente millions d'hommes au lieu de trente-deux millions qu'elle est en effet, vous croyez que ce serait là le remède? Je ne le pense pas; le bien ne viendra pas de là.

Aurait-on l'arrière-pensée coupable d'imposer ses productions par la guerre et par la victoire, et d'être les pourvoyeurs de l'univers comme une autre fois sous l'empire? La France est sauvée, mais l'univers est perdu. Qu'on songe un peu à ce que c'est que l'idée de conquête, pour n'en pas dire davantage.

La victoire! et si au lieu de la victoire nous trouvons la défaite..... ou des traîtres?

CHAPITRE XVI.

Des fausses économies.

Pour remèdes moins généraux et plus individuels, on se rejette sur l'économie; on parle de monter des établissemens en grand, de donner l'ouvrage chez les ouvriers eux-mêmes et hors des fabriques pour plus d'économie.

Voici l'état d'une fabrication au-dessus de la moyenne constituée hors de chez le fabricant, chez l'ouvrier ; petits frais laissés au compte de l'ouvrier, et toujours fabrication de lainages ; mais c'est la même chose pour toutes.

Non achat de 100 métiers et accessoires, à 50 fr. par métier (pour simple intérêt)...................	250 fr.
Non achat de harnais ou lames, à fr. 25 l'un.......	175
Non loyer de 100 métiers, à fr. 10 l'un...........	1000
Non entretien des métiers, tringles, navettes, etc., à 15 fr. l'un...............................	1500
Non entretien des lisses, etc., etc., à 5 fr. l'un....	500
Non huile pour simple graissage, à 20 c. par semaine l'un.	1000
Non huile pour veillées pendant six mois, à 15 c. par métier chaque jour........................	2250
Collage à 50 c. par pièce (bois compris), 50 pièces par an chaque métier.....................	1500
TOTAL........	8175 fr.

Je néglige encore bien des choses.

Certainement il y a économie, voilà de l'économie ; mais qu'est-ce que toutes ces économies, sinon des rabais dissimulés sous toutes sortes de noms, sur le salaire des ouvriers et sur son propre bénéfice ?

Qu'est-ce qu'une économie ? que vaut une économie quand tout le monde la connaît et la fait ? Elle avantage le consommateur, voilà tout. C'est bien ; mais certainement ce n'est pas d'avantager le consommateur qu'il s'agit ici, c'est d'avantager, c'est de relever le maître et l'ouvrier qui, par toutes ces économies fatales, se sont garrottés l'un l'autre, se sont suicidés eux-mêmes.

CHAPITRE XVII.

Résumé.

Je trouve donc que c'est un grand fléau que les hommes ont lâché sur la terre que les machines; c'est la boîte de Pandore. Voilà l'homme condamné à mille fois plus de peines et d'activité, et de soucis, et de besoins, et d'entraves que sa condamnation primitive ne portait, et cela pour jamais, sans pouvoir espérer de rentrer maintenant le fléau dans l'abyme. Ce qui est connu ne s'oubliera jamais; et tel qui le détestera et le dépréciera le plus, devra l'exploiter lui-même, et lui faire rendre tout ce qu'il pourra, pour n'être pas écrasé par l'ignorance et l'énergie des autres.

Chose mystérieuse et sublime, qui nous fait lever les yeux en haut malgré nous! c'est en vain que l'âme se déjette par haut et par bas pour frustrer son joug et sa destinée, il est dit qu'elle soufffrira, et elle souffrira; elle ne l'échappera point. Quand dans ses fuites et détours, l'homme croit avoir trouvé un échappé et qu'il le proclame; tout de suite une douleur inconnue lui vient d'un endroit nouveau. Son orgueil avait cru arracher à Dieu un de ses secrets en inventant les machines, et voilà que ce sujet de joie le met à douter même s'il aura du pain ; et comme je disais, avec cent fois plus de labeur et d'inquiétudes qu'il n'était dit. Leçon ! leçon ! s'il est possible, pour ne pas empirer du moins l'avenir, et, quoique bien tard, baisser enfin la tête.

Les deux natures de l'homme viennent lutter et se combattre même jusqu'ici. La nature morale et intellectuelle a beau reculer ses limites et s'élancer pour se soustraire à l'autre ; l'autre la suit sans dessaisir et sâlit ses créations divines, en les appliquant aussitôt écloses à ses usages. Il semble que la première ne travaille et ne crée qu'au profit de la seconde. Empêchement éternel et sans remède à ce que les utopies généreuses et profondes que l'on forme sur ce point soient jamais autre chose que des chimères sublimes. Les passions et le vil intérêt sont là.

CHAPITRE XVIII.

Aperçu de remède.

Voila ce que je pense sur le malaise de la sociéte, eu égard au commerce, et en rapport avec les machines : je crois que les machines, dans l'organisation actuelle (qu'on me pardonne le mot), sont une vraie peste. Quant aux remèdes à cela, à vrai dire, je n'en ai pas encore sérieusement cherché. Jusqu'ici j'ai eu assez de lutter dans mon esprit contre cet engouement des temps modernes, et de bien m'assurer que tout venait d'elles, jusqu'aujourd'hui que mon parti est bien pris et que je l'expose franchement.

Aussi fermement que je les crois mauvaises, je crois fermement qu'il n'y a pas même à examiner pour un peuple pris isolément, s'il faudrait les détruire ou même les restreindre; ce serait le dernier de l'absurde d'y incliner, et encore bien pis de le tenter. Comme abstraction, les machines sont bonnes, sont un beau sublime; et cependant j'ai la foi intime que tout ce qui est bien doit s'accorder dans le système général et, avec certaines modifications, y trouver sa place.

Quoi faire donc? Je ne dirai rien de plus que ceci : C'est que, n'y eût-il que cette question des machines qui dût faire penser à l'association et à l'entendement entr'elles de toutes les nations de la terre, elle seule y eût conduit et y amènerait un jour. Car j'ai encore cette dernière conviction que ce n'est que par une association et une convention, du moins sur ce point spécial, entre tous les peuples, que les machines cesseront d'être un mal pour la société, et deviendront un bien.

On dirait par exemple : tant de broches ou d'assortimens pour tant de milliers d'âmes de population.

Il est bien vrai que la consommation serait bientôt bornée par là à celle intérieure pour chaque pays ; mais qui ne voit que c'est là où il faut forcément qu'on en vienne, si la civilisation s'étend partout et ne rétrograde pas. Je dis qu'il faut qu'on en vienne à se contenter de la consommation intérieure, ou à peu près; à moins qu'un peuple n'ait la prétention d'être le fournisseur du genre humain tout entier, c'est-à-dire, de l'écraser et de le tenir esclave, car le genre humain n'y consentira jamais sans cela.

CHAPITRE XIX.

Continuation.

Mais je n'ai pas même grande foi à un arrangement provenant des hommes d'où puisse venir le bien. Les machines, c'est la civilisation, c'est un dernier effet, c'est un grand effet poursuivi par sa cause, qui emporte, qui modifie les hommes ; mais où les hommes ne s'interposent pas.

Où ils s'interposent, mais où ils ne savent pas ce qu'ils interposent. L'homme tourne dans un cercle, s'agite, cherche, crie beaucoup, et fait peu de chose en effet.

Des mille millions de causes qui marchent côte à côte, qui cheminent et se croisent sans se heurter et sans rien produire, il en choisit deux qu'il met en contact. Soudain elles se vivifient, quelque chose s'allume, un dernier effet, un dernier développement se poursuit. Quel arrivera-t-il ? Personne n'en sait rien ; des discours l'annoncent, des promesses l'affirment, des paris le garantissent ; discours, paris, promesses n'ont à vivre qu'un jour, personne ne le sait et ne peut le savoir. Il faudrait savoir l'élément même des causes qui travaillent et qui se combinent ; encore ne saurait-on rien si l'on ne savait que cela.

Quelque résultat qui arrive, les combinaisons d'aujourd'hui n'y seront jamais plus étrangères. Les dernières combinaisons arriveront chargées de celles d'aujourd'hui, en voilà pour jusqu'à la fin des temps. Je sens que je suis débordé ; je n'ai plus rien à dire d'exact et de certain, tout devient possible dès aujourd'hui ; sans compter les causes qu'une pensée, une découverte, une jalonsie, un inconnu, un fou peut-être y jettera demain.

PARAGRAPHE II.

CHAPITRE PREMIER.

Mal et remède moral.

A DÉFAUT de remède matériel et tout spécial, j'ajouterai cependant ceci avant de finir :

Est-il bien permis, n'est-il pas peut-être impie de tant vouloir perfectionner et civiliser l'homme ? Je ne sais, mais il me semble que notre temps ressemble beaucoup à cette époque des premiers livres de la Genèse, où une défense avait déjà été faite de goûter de l'arbre du bien et du mal. Dans notre temps, sous le prétexte de la perfectibilité humaine, on ne veut que du nouveau, on n'apprécie que le nouveau, et le nouveau, par cela seul qu'il est nouveau, est toujours sûr de remporter une gloire et une récompense. Elles sont inouies, les choses qui passent, et sont appréciées parce qu'elles sont nouvelles, et surtout bien hardies. Cependant tout n'est pas bon pour être seulement nouveau et hardi.

Tout ce que je vois de bien clair et saillant dans tout ceci, c'est l'orgueil et la fatuité de l'homme; c'est une espèce d'effrénement à s'élever à ce principe inconnu, qu'on sent ennemi parce qu'il est supérieur. On ne sera pas long-temps sans se demander l'un à l'autre : Croyez-vous que Dieu ait plus d'esprit que moi? On ne le demandera pas; mais ce qui en retiendra plusieurs, c'est qu'il n'est pas bien certain s'il y a même un Dieu.

Je dis que voilà l'histoire, et toujours cette malheureuse histoire du premier homme; notre temps tout seul me garantirait la révélation de ces livres de Moïse qui sont trop profonds pour être sa création, et devant lesquels les bras me tombent.

Mais alors, n'y aurait-il pas ici une nouvelle défense de faite? Je vois que chaque nouveau pas nous amène tant de duperies et de déboires : et le libéralisme, enfin, dans ce sens de la perfectibilité humaine, ne serait-il pas impie?

Je dis ici un scrupule, mais non pas une faiblesse.

CHAPITRE II.

Continuation

Pourquoi veut-on tant perfectionner et faire avancer l'homme? J'examine et je trouve que le principe de ce prétendu si noble et si sublime instinct, est un malaise, est une lutte contre les obstacles. Le libéralisme, comme passion outrée de la liberté, est un malaise, est une haine contre les obstacles, depuis les lois qui en légalisent quelques-uns, jusqu'à la conscience et tout ce qui la rappelle.

Les besoins permis de l'homme ajoutés à ses besoins de passions, ajoutés à son égoïsme et à son ignorance, font une pépinière sans nombre d'abus. L'homme souffre de tout cela et veut le changer; et il invente des lois et des droits qu'il balance les uns par les autres. Il ne voit pas que l'amour de soi-même, inné dans chaque homme, ne fût-ce que le seul amour de soi-même, est plus qu'il ne faut pour le dérouter toute sa vie. (Ce principe si simple et pour ainsi dire unique, que Dieu a soufflé une fois sur la race humaine, pour se garantir à jamais sa souffrance, en même temps que pour activer le monde.)

Il ne voit pas tout cela; il ne voit pas qu'il y a intention marquée de le faire souffrir, et croyant que tout n'est que hasard et sottise des temps anciens, il corrige et il prévoit, et il précautionne, et il fait des systêmes, et il ajoute des articles; ou dans des prétentions plus sérieuses et plus dangereuses, s'appuyant sur l'exemple de ces grands hommes de l'histoire, qui ont été aussi entravés et méconnus et auxquels il compare son génie, il veut bouleverser tout ce qui existe et établir ce qui n'a jamais été vu, poussé par une audace d'orgueil et un mépris inconcevables des opinions et des pensées des autres hommes ses semblables; et il appelle cela perfectionner et faire avancer l'homme.

Et tout cela, parce qu'il sent qu'il souffre de ce qui existe, qu'il ne veut pas souffrir; qu'il croit que le changement serait la fin de souffrir, méconnaissant la main et l'intention de Dieu qui le poursuit. Pauvre malheureux qui résoudrait des problêmes, et ne comprendrait pas un mot à ce tout petit livre que l'on appelle Imitation de Jesus-Christ ; et qui attendra toujours qu'il soit sur son lit de mort, pour reconnaître et avouer ce grand mot et si simple : A quoi sert tant de peines et de labeurs injustes, pour toujours en finir ainsi ?

Et en effet, je trouve que rien ne serait digne d'animer tant de peines de sa vie pour l'homme seulement sensé, si ce n'était le devoir et l'obéissance même à ces peines ; et bien d'autres considérations encore, mais qui toutes se rattachent à celles-là, et dont voici seulement une, savoir : Qu'il faut peut-être travailler et prendre peut-être beaucoup de peines, non pas pour soi, quand on est assez riche, non pas pour ses enfans, quand on n'a point d'enfans, mais pour les pauvres tout seuls, seulement pour les incapables.

Cette considération est encore bien inconnue, mais on y arrivera un jour, le christianisme la renferme ; car la paternité même n'est qu'un égoïsme.

***

CHAPITRE III.

Continuation.

Je dirais bien encore des remèdes, mais je suis dégoûté et lassé moi-même ; je sens que tous les remèdes et tous les moyens me glissent. Quoique je le trouve infâme,

il me faut cependant le dire : Je crois que tout est jeté ici-
bas à la loi de la force ; que vouloir tout niveler, et faire
dans ce monde la justice exacte, c'est aller contre l'intention marquée de l'arrangeur de toutes choses, qui a
tout jeté à la force. Ce sont les forts qui auront toujours
tout ; on donnera encore à celui qui a déjà beaucoup, a
dit Jesus-Christ ; tout a été laissé aux forts pour ce monde.
Mais c'est aux forts à se punir, à se retrancher, à se juger
eux-mêmes, et à savoir faire la portion de ces autres à
qui tout est arraché chaque jour ; il serait par trop niais
et absurde de prendre au mot la fatalité des choses ; il
y a un doigt menaçant dans chaque chance heureuse de
la fortune. C'est au créateur et au favorisé à restituer un
peu la justice, puisqu'on ne peut avoir raison de la providence dès ce monde ; il n'est pas roi de la terre et de
ses semblables pour rien. Dieu a voulu châtier sa créature, mais il ne l'a pas reniée et rejetée tout-à-fait pour
cela. Il faut croire qu'il a dû en agir ainsi pour un motif
qui lui a sans doute bien coûté ; car c'est à ses misérables délaissés que Jesus-Christ pensait, quand il disait
avec des émotions et des tristesses que personne ne s'est
peut-être jamais figurées : *Venez les bénits de mon Père.....
J'ai eu faim, et vous m'avez donné à manger ; j'ai eu
soif, et vous m'avez donné à boire.*

En résumé, je crois donc que c'est à l'homme individuel à redresser l'injuste qui lui tombe sous la main et
dans son chemin ; et c'est là une de ses luttes et un de ses
mérites, mais non pas, peut-être, à vouloir tant améliorer
l'organisation générale de ce monde, qui, toute défectueuse
qu'elle paraisse, est pourtant l'œuvre sublime de Dieu,

et un fait exprès pour la souffrance, mais pour le mérite aussi de chaque homme.

Et qu'indépendamment du temps perdu que l'on consacre à ces velléités qui deviennent des inepties, c'est encore une impiété de prendre trop au sérieux le redressement théorique du pêle-mêle et des torts et abus de ce monde, lesquels sont des vouloirs et des stipulations au doigt de la mystérieuse, inscrutable et ininterrogeable volonté de Dieu; mais bien certainement rationnelle et motivée, et infiniment-juste. C'est surtout ce mot d'*impiété* que je sens bien et que je veux qui soit dit.

Impiété surtout de se coaliser et d'associer ensemble plusieurs puissances d'hommes pour faire mentir Dieu; pour venir à bout de ces obstacles frères et de la même famille, dont la désolante multiplication et tenacité sous les efforts de l'homme, devrait bien faire (et le fait peut-être) soupçonner l'origine : qu'on songe aux géans de la Fable et à cette tour de Babel, dont, sans le savoir, nous posons, je le crains, les nouveaux fondemens.

Nous disons que nous avançons; mais les premiers constructeurs ont vu aussi qu'ils avançaient, et ont admiré un instant et peut-être long-temps leur ouvrage. Pourtant la confusion des langues est venue disperser et faire abandonner leur folie.

En examinant de près et dans des momens spéciaux, on voit que nous touchons à un moment semblable : le cahos n'est pas loin. L'homme est perfectible, dit-on. Perfectible, soit; mais non à l'infini. Il faut qu'il renonce à devenir jamais Dieu. On sent bien que son intelligence, que son moral est borné, et qu'il ne peut monter toujours jusqu'à l'indéfini.... Le principe qui nous pousse en ceci aboutira de force à l'absurde ou à l'impie, parce que toute notre bonne volonté, et tout notre orgueil, et tous nos gonflemens de cœur ne nous feront pas changer de nature (et c'est ce qu'il faudrait); notre, nature, dis-je encore une fois, étant bornée et incomplète. Y a-t-il au monde à répondre à cela ?

CHAPITRE IV.

Continuation.

Je dis donc que la force emportera toujours quand elle voudra, malgré les défiances et les précautions, ou bien il s'élèvera une autre force qui mâtera la première. Voyez toutes nos chartes. Qu'on n'oublie pas ici que j'appelle en cause le libéralisme.

La conscience seule peut imposer des lois à la volonté ; on verra si toutes les chaînes et les menottes, et les points sur les I que l'on impose aux rois feront le résultat qu'on attend. Toutes les perspicacités aboutiront encore à la confiance et aux liens religieux ; il n'y a que cela au monde, c'est l'homme même, c'est sa seconde nature. L'homme est un composé double, il n'y a qu'une de ses natures qui puisse imposer à l'autre.

Tout de même qu'il n'y a encore que les lumières et

la religion qui adouciront et retiendront enfin les peuples dans une dépendance qui est leur bon sens même.

Comme j'ai dit : la nature morale et intellectuelle de l'homme a beau s'élancer et prendre son essor, pour échapper à sa chaîne et se rapprocher de son principe; sa misérable sœur, sa seconde nature qui lui a été accolée se suspend après elle et lui réveille sa douleur, et l'homme ne frustrera jamais sa destination, qui est de souffrir.

Qu'il souffre donc puisque c'est sa destinée; mais que sa moitié divine et céleste profite et avance toujours malgré cela, puisqu'il paraît que c'est aussi sa destinée. Pour son autre moitié, qu'elle se traîne et qu'elle vive comme elle pourra; et surtout que l'orgueil humain prenne bien garde que ce ne soit pas pour échapper à souffrir, qu'il veuille toujours pousser au-delà.

CHAPITRE V.

Continuation.

Ou donc est le remède? On ne l'a pas entendu? Précisément parce que je ne dis point de remède, que je dis qu'il n'est point de remède, voilà le dire..... Vous irez, vous irez, mais vous n'aboutirez jamais; des ennemis sont pétris dans le sol qui n'auraient jamais paru et qui en sortiront à votre approche. Si vous êtes perfectibles, si vous êtes infinis; les choses, le monde, Dieu, car tout cela c'est Dieu, est plus infini que vous. Vous le défiez, il vous attend ; vous voulez le faire mentir, il vous attend, dis-je. Allez ; allez donc. Vous n'aurez jamais autant de bras qu'il vous lancera d'obstacles, jamais autant de caractère que lui de vengeances. Oui, vous êtes ses ennemis ; car rien qu'à parler de lui, je sens moi-même que je suis le vôtre.

CHAPITRE VI.

Résumé.

Toute légéreté, toute espérance, toute joie mises à part : dans la question présente des machines, qui est celle de la civilisation, il n'y a rien à empêcher et peu de remèdes à dire. Le besoin de civilisation et de perfection est un tourment qui fait sécher l'homme. Les hommes, le monde iront toujours de même, chargés de faire eux-mêmes leur propre malheur ; et de même que j'ai dit que la force emportera toujours l'homme, cet être mystérieux, moitié divinité et moitié boue, fait exprès pour se tourmenter, se tourmentera toujours, et accomplira ainsi jusqu'a la fin la volonté de Dieu. Et toutes les perspicacités et les plus profondes percées du génie aboutiront toujours, après s'être reconnus tels, aboutiront, dis-je, à se prendre tels, c'est-à-dire à consentir enfin et à se résigner, et à faire encore la volonté de Dieu comme toute la nature, sous peine d'impiété et d'empirement de souffrance. C'est ce qu'est venu dire et conseiller Jesus-Christ.

Triste déception de mon livre et vain remède pour plusieurs! Mais qu'on creuse la terre, il n'en est point d'autres. Qu'on pèse seulement ceci: LA TÊTE SEULE DE L'HOMME EST LIBRE, SON COEUR NE L'EST PAS.

Oui, son cœur n'est pas libre! Il désirera toujours malgré lui-même. Dès-lors il n'y a plus pour lui d'harmonie possible avec lui-même, de repos, de bonheur dans ce monde: il a été créé en guerre avec lui-même; qui pourra changer le fond de sa nature? Son cœur n'est pas libre!

Donc, si c'est le bonheur que l'on cherche à tant innover et civiliser, le libéralisme est une duperie, jusqu'à ce qu'il s'éclaire ou qu'il devienne impie.

Si c'est l'accomplissement d'un instinct, d'un labeur, d'un devoir, le développement de la nature même de notre âme, comme labeur, comme devoir, Dieu soit béni! Tout est bien, notre âme est divine, le libéralisme est sublime; qu'on marche: créatures dégradées, nous remontons à Dieu.

Fin de la première Partie.

DEUXIÈME PARTIE.

PARAGRAPHE PREMIER.

*Que nous marchons à une organisation sociale
nouvelle.*

CHAPITRE PREMIER.

Je me releverai cependant encore, après avoir conseillé
la patience et la soumission religieuses; je me releverai,
car je vois dans cette souffrance la désorganisation sociale; car j'entends proposer des remèdes atroces ou absurdes; car je crois qu'il vient de m'apparaître un remède,
même matériel, même permis à ceux qui souffrent, même
possible à ceux qui ne souffrent pas.

En religion, en conscience, le mieux être ne fût-il
pas tentable à ceux qui souffrent, est de précepte pour
ceux qui ne souffrent pas.

La condamnation même à la souffrance portée contre
nous me semble comprendre avec elle un remède : puisque nous ne mangerons le pain qu'à la sueur de notre
front, le pain nous est donc permis ; puisqu'il nous est

ordonné de travailler, qui est la loi type, ce ne peut être que pour nous donner nos besoins qui sont le mieux-être, quand nous ne les avons pas nos besoins. Nos vrais besoins nous sont donc permis. Arguons de là.

Arguons de là, dis-je, et qu'il soit une fois bien reconnu en morale et même en religion, qu'un homme a le droit de chercher le mieux-être social, de raisonner bien-être social, et de parler enfin ces matières, tous ménagemens, bien entendu, de cœur et de paroles gardés envers la providence; ceci est mon sauf-conduit.

CHAPITRE II.

Continuation.

Il est certain qu'il y a malaise dans la société; tout le monde sera d'accord là-dessus avec moi. J'ajoute que le monde gravite à une nouvelle organisation, à une grande modification sociale. On conviendra moins de ceci.

Plusieurs voient ce malaise dans la crainte de la guerre et dans la terreur des émeutes. Ils pensent que la répression des émeutes et l'éloignement de la guerre donnerait lieu à l'ancienne allure de se rétablir, ce qui est bien possible; mais c'est cette ancienne allure, selon nous, qui ne suffisait déjà plus autrefois, et qui suffira toujours moins aujourd'hui. Voilà notre désaccord.

La première partie de cet ouvrage prouverait assez cette proposition : que l'ancienne allure ne peut plus suffire; mais elle est toute de théorie, il faut ajouter l'expérience et les faits. Voici sans commentaire le mot à mot d'un fait tel que les journaux l'ont rapporté; il m'épargnera beaucoup de paroles. On verra qu'il en est bien d'autres de semblables, qui sont encore inconnus et honteux aujourd'hui; mais qui apparaîtront terribles et désespérés sous peu de temps.

Extrait du Constitutionnel du   octobre 1831.

. . . .

. . . .

Ici je voulais reproduire les représentations des ouvriers de Lyon à leurs maîtres, en octobre dernier, sur leur impossibilité de vivre désormais au taux de réduction des salaires, l'accord des maîtres avec leurs ouvriers sur cette impossibilité de vivre, leur compâtissement à la misère de ces pauvres ouvriers; mais en même temps leur impossibilité, à eux maîtres, d'augmenter en rien ces salaires quoiqu'insuffisans, à moins de renoncer à toute concurrence avec la Prusse et la Suisse, pour un genre tout entier d'étoffe et de fabrication.

Mais malheureusement j'avais trop bien choisi mon exemple, et je suis arrivé trop tard. On sait ce qui est arrivé depuis. Je laisse cependant subsister ce passage de mon livre, les choses, quoique mûries, quoique développées, quoique éclatées restant toujours les mêmes, et mes craintes et ma conviction n'en étant que plus fondées et devenues plus fortes.

CHAPITRE III.

Continuation.

J'ajoutais : « Maintenant si les répliques des maîtres
» sont aussi vraies que les représentations des ouvriers,
» comme elles ne le sont que trop, je demande qu'est-ce
» que la répression des émeutes? qu'est-ce que le désar-
» mement général peuvent faire à cela ? qu'est-ce que
» quelques millions prêtés à l'industrie ? qu'est-ce que
» d'autres millions pour quelques travaux partiels ?
» qu'est-ce que des lois sur la pairie, sur les commu-
» nes, sur la garde nationale? Il ne faut pas de prêts
» à l'industrie, elle ne pourrait jamais rendre, encore
» moins des dons; qui fournirait les dons? point de loi
» qu'une seule : il faut commencer par vivre ».

On pense que la reprise des affaires ferait augmenter
les prix. Non. Supposez des demandes autant que vous
voudrez, les prix ni les salaires n'augmenteront pas pour
cela; les machines d'abord, telles qu'elles sont actuelle-
ment, sont là pour y fournir, les cours d'eaux sont là
pour les multiplier, le génie est là pour les simplifier et
perfectionner.

Les prix, tant du maître que de l'ouvrier, étaient bien
bas avant la stagnation de juillet; maîtres et ouvriers,
ont supplié pourtant pour qu'on les leur réduise, mais
qu'on les occupe. Ils ont été réduits, on les a occupés.
Ils ont été réduits, vous l'entendez bien; au point de ne

plus laisser pour vivre, les voilà qui le disent. Eh bien (et ceci jette la terreur) qu'un point d'arrêt arrive encore, qu'une révolution, qu'une crise, qu'une cause quelconque arrive encore qui fasse stagnation, ouvriers et maîtres qui ne peuvent plus vivre, trouveront encore où retrancher, supplieront encore pour qu'on leur réduise les prix, pourvu qu'on les occupe.

Qu'on allonge la route, qu'on recule le terme autant qu'on voudra, je demande s'il ne faut pas enfin qu'un tel train de choses finisse, quoique ce soit qui le fasse finir.

CHAPITRE IV.

Dangers de notre situation actuelle.

L'avenir le plus naturel à ceci et le plus probable qui apparaisse d'abord, est une explosion et un état de fureur, et une vengeance atroce de tous les malheureux à la fois, et des plus malheureux d'abord; contre qui cependant? qui leur a fait leur mal? Leurs maîtres? ceux qui achètent à leurs maîtres? Ouvriers et maîtres et acheteurs sont tous aussi malheureux l'un que l'autre.

Où donc est leur ennemi? Je vois encore les riches. ils prendront aux riches? Mais les richesses prises s'épuiseront tout de même. On prendra encore? Il est donc à dire qu'il n'est plus de moyen de sortir d'embarras qu'un vol, qu'un pillage général et organisé chaque demi-siècle !

Où est leur ennemi ? Je ne vois plus que les machines et que la civilisation. Abolir les machines ? Mais les autres nations sont là pour faire repentir et pour profiter des folies ; à moins de tout saccager en même temps partout l'univers, à moins d'une destruction générale des machines et continue pendant un quart de siècle, et par qui, que par des instruits et des civilisés ?

Mais la science reste pour tout recréer ; mais les livres, mais les souvenirs, mais les habitudes !..... Et les échanges pendant ce temps-là, et le vivre, et l'agriculture, et tous les arts qui tous maintenant sont engrainés et enclavés l'un dans l'autre par les découvertes ? Moyen impossible. Il ne reste plus que l'entredévorement de tous les malheureux ensemble. L'esprit se perd dans l'horreur, dans l'inouï, dans le tout-à-fait inconnu.

Que si l'on est assez fort pour empêcher l'explosion, soit par la crainte ou par les précautions, surtout par les représentations raisonnables, miracle de la civilisation qui résigne à mourir plus tôt que de se dégrader, alors je vois que le moral tuera le physique ; mais qu'il le tuera, et que le physique à son tour tuera le moral.

On se privera, on se réduira, on fera des miracles en économie contre soi - même, contre sa propre substance. Après avoir atteint la dernière réduction, on trouvera encore à réduire. Adieu les choses frivoles, mais adieu le goût et les objets de luxe, et les choses charmantes ; adieu les journaux et leur menteuse lecture devenue inutile, devenue ridicule depuis qu'elle sera impuissante ; adieu les voyages et les voitures publiques, et les hôtelleries, et les relais, et les communications dé nation à nation, de province à province; adieu les objets d'arts dans les capitales qui ne seront plus visitées; adieu les artistes; adieu les fabriques; adieu les contre-maîtres aux études spéciales qui n'auront plus d'usage; adieu toutes les sciences qui n'auront plus d'emploi; adieu la civilisation; salut ignorance, salut barbarie dans un demi-siècle, peut-être un peu plus!

Qu'est-ce donc que la vie de ce monde, qu'un engouement ou un découragement à tour de rôle, arrivant par mode, partant par dégoût? Point de plan, point de prévoyance, point de constance parmi les hommes. Les hommes supérieurs qui se tiennent à l'écart et qui jugent la foule, voyent et s'appitoyent ou s'irritent, mais ils prennent parti eux-mêmes à la fin, ou ils sont entraînés. Toujours est-il qu'ils ne font que juger et sentir, et soupirer en eux-mêmes sans aucun fruit, qu'ils ne peuvent rien, s'éteignent et disparaissent. O monde! ô homme! ô vingt ou trente ans de vie apparente des principaux hommes! inutile et ridicule bouffée d'orgueil pendant ce temps-là!

CHAPITRE V.

Que notre situation actuelle ne peut point se guérir elle-même.

Je sais bien qu'il semblera et forcément à bien des gens que, dans une multiplicité de demandes, l'intérêt du maître et de l'ouvrier prendront l'autorité enfin, et

4*

imposeront la loi. Mais c'est ici que je me fais fort d'être en opposition avec l'apparence ; c'est ici qu'il faut que j'arrête et que je retienne tout court. J'en demanderai la permission, c'est ici qu'est l'erreur et la duperie de l'attente, et en point d'autre lieu.

Oui, dans une multiplicité de demandes imprévues, subites, majeures, à livraison fixe et tout rapprochée d'objets spéciaux, les bénéfices raisonnables pourront être stipulés ; mais qu'on s'y hasarde et qu'on les stipule, ce ne sera pas pour long-temps. On verra si la récrimination à qui la concurrence viendra rendre des armes et des armes inévitables, n'en fera pas repentir.

Je demande quelles espèces d'objets spéciaux exigibles de suite peuvent être demandées aujourd'hui en masse assez grande pour faire monopole ? Quel genre d'exploitation, de fabrication d'objets à usage général n'a pas maintenant ses pareils, ses voisins, ses concurrens multiples et cent fois multiples ? A moins que le demandeur, le traitant de ces objets n'ait pas la moindre connaissance du pied social actuel ; et dans son intérêt encore ? C'est ne pas connaître le négociant, l'homme d'affaires, le temps où nous vivons ; cela n'est pas supposable.

Qu'on me permette un exemple : avant la révolution de juillet les ventes criées et à l'encan, ces ventes au-dessous du cours, contre lesquelles on a tant réclamé, n'arrivaient dans les villes que de temps en temps et à longs intervalles. Aujourd'hui elles y sont à demeure, à demeure fixe et permanente, remplaçant les objets écoulés à mesure qu"ils s'écoulent ; elles épuiseraient le double, que le foyer d'où elles tirent, leur rendrait, leur fournirait le double.

Quelles que soient les sources où s'alimentent ces ventes criées et à prix avilis, il est certain que ce n'est que d'un foyer d'imbécillités et d'impuissances. Que ces ventes puisent où elles veulent, il est certain qu'un cours absurde ne peut venir que d'une source mauvaise. On voudrait remonter à cette source pour la sonder et l'arrêter, qu'on n'y parviendrait pas ou qu'il y aurait danger.

La vraie question est de savoir comment les marchandises peuvent s'avilir ainsi. Une fois amenées à être avilies, elles s'écouleront sans aucun doute. Pour devenir avilies, pour être vendues au-dessous de ce qu'elles coûtent ou doivent coûter, il est certain qu'il y a eu force, obligation, nécessité malheureuse pour quelqu'un, qu'il y a un impuissant qui a faibli. Je ne parle pas des improbités. Les impuissances peuvent être générales, les improbités, non.

La masse des imbécillités est donc devenue tellement forte qu'elle peut maintenant entretenir un courant absurde de prix absurdes. C'est l'état de choses dont j'ai déjà parlé dans ma première partie.

CHAPITRE VI.

Continuation.

MAINTENANT ce train de vie est impuissant à se guérir lui-même et à se relever. Si l'on veut patienter, si l'on veut attendre, qu'on patiente et qu'on attende, on vivra toujours ; mais je ne crois pas me tromper : si l'on veut avancer encore, comme on en a la prétention, il faut trouver ici, il faut inventer ici quelque chose et de suite, ou l'on reculera. Le malaise, l'économie, la froideur, le trop de sagesse est mortel à la civilisation et à ce qu'on appelle la perfectibilité de l'homme. Le sage peut être borné dans ses désirs et content de peu, sans redescendre pour cela ; au contraire même, tout en remontant. Mais c'est l'individu seul qui peut être ainsi et non pas les masses ; à moins que l'on ne voie le bonheur des masses dans autre chose qu'on ne le voit maintenant : dans la simplicité, par exemple, dans la résignation, dans l'obéissance ; mais adieu tous nos livres.

Croirait-on que par le raisonnement, et d'induction en induction, on puisse arriver à ceci ? Sortons-en, je sens la folie. Je résume cependant et je dis, et je crie de toutes mes forces qu'il ne faut pas attendre, qu'il est mortel d'attendre.

On a déjà mis le doigt sur la plaie : on a voté du travail. Ce sont des travaux qu'il faut en effet ; mais des travaux non de localité ou seulement à temps. Il faut des travaux à toujours par toute la France, partout l'univers, si l'univers se civilise ; du travail de suite et à satiété à quiconque demandera du travail. Mais n'anticipons point.

CHAPITRE VII.

Quelles sont les classes qui souffrent.

Je définis le malaise actuel, la disproportion entre les besoins et les attributions accordées à ces besoins, soit qu'il ait été véritablement soutiré quelque chose à l'homme, et que l'homme ait véritablement perdu, soit que ces besoins se soient multipliés et étendus ; je crois qu'il y a l'un et l'autre.

Il y a trois classes qui souffrent : la classe manouvrière des villes et attachée aux fabriques ; la classe industrielle proprement dite, c'est-à-dire, les gens de fabrique ou de détail ; enfin la classe pauvre des campagnes ; en résumé tous ceux qui ont besoin de travail pour vivre, d'un gain journalier pour vivre.

Ces trois classes n'ont plus le nécessaire. Il serait inutile de prouver qu'elles ne l'ont plus, elles le crient assez haut. C'est ce cri de détresse du commerce d'abord, des ouvriers ensuite, qu'on entend si souvent, auquel on s'habitue à force de l'entendre. Il est mille fois prouvé qu'elles ne l'ont plus.

Je sais bien qu'il y en a qui disent qu'elles ont encore le nécessaire, et que ce n'est pas là la vraie raison des troubles. Il se peut qu'il y ait deux raisons, et je ne parle pas même des troubles ; mais je dis, moi, qu'elles n'ont plus le nécessaire, et pour Dieu ! que sous la duperie de diversité d'opinions, qui n'est qu'opposition d'intérêts, on prenne bien garde de se boucher les oreilles.

Peut-être qu'un jour on s'étonnerait de son aveuglement, et qu'on s'écrierait à l'envi et stupidement comme on a toujours fait : Pourquoi ne faisaient-elles pas des représentations ? que ne se plaignaient-elles ? Pourquoi ? Est-il possible de demander pourquoi, quand on s'est lassé, assourdi les uns les autres ; les uns à faire les plaintes, les autres à les entendre ?

CHAPITRE VIII.

Continuation.

Dans ma première partie j'ai peint la détresse de la basse et moyenne classe industrielle, c'est-à-dire, à peu de choses près, de la basse et moyenne classe des villes ; voici maintenant la détresse de la basse classe des campagnes.

J'observe que celle-ci n'est pas chose nouvelle et qui a commencé de nos jours ; j'observe qu'elle n'est pas non plus encore éminemment dangereuse ; mais j'assure qu'elle le deviendra, les choses restant les mêmes qu'elles sont aujourd'hui, c'est-à-dire, d'une part, les besoins et les prétentions de cette classe cherchant toujours à s'étendre par la civilisation, et de l'autre, les attributions à ces besoins et prétentions restant stationnaires et toujours les mêmes.

Je crois qu'après cela j'aurai tout dit ; que toutes les

misères susceptibles d'intérêt, de souci et de remède humain auront été exposées. Je n'aurai omis que le malaise de la passion, toujours déraisonnable et insatisfaisable, comme l'est le vide et l'infini du cœur; mais qui n'a point de danger ni de remède à être dit ici, et qu'il faut abandonner à ses propres tortures, qui appartiennent et retombent à la juridiction religieuse.

De fait, il sera donc constant que tout ce qui ne souffre pas encore, c'est qu'il ne peut pas souffrir; et que tout ce qui peut souffrir, souffre. L'accusation est assez forte.

Ceci aura l'air d'une digression dans mon but actuel, qui est de prouver que nous marchons à une organisation sociale nouvelle; mais on verra bien si un état de choses qui a laissé s'établir, qui laisse subsister des infamies pareilles auxquelles il ne songe pas même à remédier, peut continuer long-temps ainsi, et s'il ne faut pas qu'il se modifie.

CHAPITRE IX.

De la misère des campagnes.

Il faut être juste; les villes se plaignent, mais leur état n'est rien comparé à celui des villages. J'habite la campagne, et sur le peu que je connais, je puis dire que le Gouvernement et les riches ne se doutent guères de ce qui s'y passe. Je fais travailler bien des pauvres, lesquels ne sont pas payés, à vrai dire, ce qu'ils devraient l'être, eü égard à la cherté des denrées, ne pouvant moi-même, quoique le cœur m'en saigne, les payer plus cher que la concurrence de ces temps désastreux ne me le permet.

Eh bien je dis que certains de ces ouvriers que j'occupe ne font pas même pour le pain, le seul pain que mange leur famille. Je dis qu'il en est plusieurs qui sont quelquefois des semaines entières sans goûter le pain ; que sera-ce des autres qui ne travaillent point ?

J'ai vu des malheureux de quatre-vingts à quatre-vingt-dix ans que je puis affirmer être morts, non pas peut-être littéralement de faim, mais de misère, de besoin, de froid dans le dernier hiver si rigoureux de 1830. Oui, de froid ; des hommes de quatre-vingt-dix ans, mourir de froid, à demi-gelés dans leurs lits ! J'en ai connu, j'en citerai dix si l'on veut, qui sont morts violemment, non pas tous de froid, non pas tous de faim, mais tous de misère, tous de mille besoins réunis, et que la maladie ne voulait pas encore tuer.

Je parais exagéré, mais sur l'honneur je ne le suis point. Je n'ai plus les circonstances présentes des cas que je signale ; mais je me rappelle à chaque fois avoir senti intimement que c'étaient des morts violentes, et ces circonstances je les retrouverais bien.

J'ai vu des jeunes filles de 18 à 20 ans, dans la force de l'âge, et qui ne demandaient qu'à vivre, mourir sans maladie d'un simple mal de gorge qui les étouf-fait, faute de quelques misérables sangsues qui les au-raient sauvées à l'heure même ; j'ai vu des malheureux ayant fait une chûte et qu'une saignée aurait aussi relevés à l'heure même, contraints de mourir d'une inflammation locale survenue et comme contre nature, dans la force de l'âge et de la santé ; d'autres se relever sur leur grabat pendant la nuit, et le lendemain être trouvés morts à genoux, comme si, au moment de mourir, ils eussent voulu accuser les hommes et demander vengeance. Et tous ceux que je n'ai pas vus, même dans ce village, et tous ceux des villages voisins, et tous ceux de toute la terre !

Il y a de la bêtise, il y a de l'insouciance chez ces gens là ; il y a de leur faute dans tout cela..... Souvent ; oui j'adopte toutes les incapacités morales, mais c'est aux supériorités à prévoir pour les infériorités ; elles ne sont dignes d'être supériorités qu'à ce prix.

Pour de l'avarice il n'y en a pas. Comment veut-on que des malheureux pour qui un seul sou est une ressource et un écu un trésor, ignorant comme ils sont du caractère de leur maladie, ne connaissant de médecin que la force de la nature, se décident à aller chercher à deux lieues le médecin dont chaque visite leur coûtera cinq francs ? Ils n'ont pas ces cinq francs, et personne ne les leur prêtera, parcé que chacun sait bien qu'ils ne pourront jamais rendre ; pour ces gens là, ignorant de toutes les causes des choses, toute maladie qui les emporte n'avait point de remède, et devait nécessairement les faire mourir.

Ils appelleraient le médecin, que le médecin n'irait pas, sachant bien qu'il ne sera pas payé de sa course, et condamné qu'il est lui-même par la misère des choses à s'abandonner, non à son cœur, mais à ce qui produit. Je ne parle pas même des médecins coupables et criminels, et il y en a encore.

Qu'arrive-t-il alors? Après bien des jours perdus ils vont trouver le médecin; ils y vont, mais pour se conformer à leur fortune et ne payer que vingt sous, ils traînent après eux le malade lui-même qui a déjà perdu la moitié de ses forces, et dont ce dernier effort rend la maladie sans remède. Qu'on songe bien ici qu'il n'y a point d'exagération.

On dresse des échafauds pour les assassins, on monte des appareils formidables de jugement et d'exécution pour faire trembler la multitude et mettre le meurtre en horreur, et le Gouvernement se rend lui-même chaque jour assassin de mille vies! On force par tous moyens la propagation de la vaccine, on récompense et l'on vénère, et l'on a grandement raison, celui qui sauve un homme au risque de sa vie, et l'on vient perdre, par insouciance, le prix de tant de discours, de tant de recherches et de tant de livres, au moment que tout est fini, que la partie est gagnée, et que la créature qui a demandé et mérité tant de soins est sauvée et ne demande qu'à vivre!

Les riches des villages et ceux qui n'ont que le nécessaire ferment leur porte et se retirent sur le derrière de leurs maisons pour simuler l'absence et se dérober ainsi aux poursuites et à l'importunité des pauvres; ces mêmes riches, et je ne peux pas même encore les blâmer, refusent un bichet de denrée à crédit à des gens qui leur doivent déjà trop, et qui ne les payeront jamais. Je dis que je ne les blâme point, parce que je sais bien que donnant toujours et ne recevant jamais, il faut bien, tôt ou tard, qu'un crédit arrive qui soit le dernier; et la

faim revient pourtant tous les jours, et le bichet ne peut
durer qu'une semaine.

CHAPITRE X.

Continuation.

Voila la vie des campagnes. Mais le comble du malheur c'est que ces êtres si misérables, habitués de génération en génération à souffrir ainsi, contenus dans tous
les sens et jusques par leur propre incapacité, résignés
par la Religion, souffrent et meurent sans se plaindre,
trouvant tout naturel de souffrir et de mourir ainsi. Je
dis pour comble de malheur, oui, dussé-je paraître impie ; car s'ils eussent fait leur devoir, dès long-temps
ils ne seraient plus tels, et ils auraient appris à leurs
semblables qui souffrent, plus peut-être de leurs passions que du nécessaire et qui viennent encore se plaindre, à estimer du moins et à respecter des hommes.

Pardon, mais je ne suis plus libre et je tombe en
fureur quand j'entame ce chapitre : l'homme est digne de
sa nourriture ; les oiseaux ont des plumes pour l'hiver
et les mauvaises herbes perdent pour eux leurs semences
dans les champs : et des hommes mourront de froid et de
faim ?

Que sont les aumônes et les efforts de quelques hommes pour le nécessaire de cent mille ? Et dans ces temps
de détresse où l'on doit trembler sur sa propre for-

tune, la misère humaine dont on ne peut jamais se défaire et le borné de l'homme viennent encore souffler qu'il faut même être sage jusque dans le devoir, et économiser jusques sur le dû du pauvre, pour ne point dilapider d'avance le denier et le nécessaire du lendemain. Mais le pauvre meurt pendant ce temps-là.

La Religion chrétienne, en conseillant la souffrance, a résigné ces pauvres gens ; l'éloignement des heureux et surtout l'ignorance les a maintenus. Mais aujourd'hui que l'on propage les lumières, si l'on révèle à ces pauvres gens leur dignité et leur égalité en droits à ceux qu'ils croyaient supérieurs, j'en avertis, ce ne sera plus pour long-temps. Les lumières, en cultivant l'intelligence, donnent des prétentions, cela est certain, et la moindre des prétentions et la plus légitime est bien certainement de vivre et de ne point mourir de défaut.

PARAGRAPHE II.

Faux systéme de réorganisation sociale.

CHAPITRE PREMIER.

Il est donc certain que le monde gravite à une nouvelle organisation, à une grande modification sociale.

Sauf les républicains, dont le système touche à l'organisation sociale par l'égalité, et qui ont déjà eu leur expérience, je ne vois guère que les St.-Simoniens qui s'occupent à mettre cette modification sociale future en système.

Je ne dis rien des républicains, sinon que nous ne sommes pas assez vertueux pour l'être; d'ailleurs c'est surtout d'organisation politique qu'ils s'occupent, et je n'ai pris à m'occuper que d'organisation sociale.

Je ne vois donc guère que les St.-Simoniens qui s'occupent d'organisation sociale nouvelle: voici ce que je pense des St.-Simoniens.

. . . .

~~~~~~~~~~

. . . .

Voir l'Essai contre les St.-Simoniens à la fin de l'Ouvrage.

. . . .

. . . .

L'Essai contre les St.-Simoniens ayant été imprimé avant le corps entier de l'ouvrage, et ne pouvant l'intercaler convenablement à sa véritable place, j'ai dû le reporter à la fin du volume; mais il doit être lu nécessairement ici.
~~~~~~~~~~

CHAPITRE DE TRANSITION.

J'ai fait une digression dans une digression peut-être déjà, et trop longue ; c'est à peine si l'on se souviendra du but de ce livre.

Cependant qu'il me soit permis de représenter que dans ce moment où toutes les doctrines font irruption sur notre globe, et où il n'y a vraiment plus d'impossible, c'est bien en réalité la reconnaissance ou la négation d'une autre vie qui nous sépare, et rien que cela.

Arrivons cependant enfin à dire mon système.

Fin de la seconde Partie.

TROISIÈME PARTIE.

PARAGRAPHE PREMIER.

Exposition de mon systéme.

CHAPITRE PREMIER.

Considérations générales.

La société marche donc à une grande modification,
Que sera cette modification? Je n'en sais rien, ni personne; seulement tout le monde est d'accord sur le principe, sur le point de départ, Républicains, St.-Simo-
niens, moi-même : nous marchons à une grande modification sociale.

Quelle que doive être cette modification, il est certain
que ce sera toujours l'ordre, c'est-à-dire l'exécution réglée
et garantie des droits acquis, et actuels à cette modification; car nulle part on ne peut donner, de quel gouvernement que ce soit, d'autre définition que celle-ci : Gouver-
ner, c'est départir et faire départir à chacun ses droits.

Tout le monde veut le repos, mais tout le monde veut
aussi la justice; le repos c'est l'ordre, la justice c'est les

droits de chacun : ce que tout le monde veut donc c'est l'ordre dans les droits de chacun.

Dût-on bouleverser mille fois pour trouver enfin le bien idéal, but de tant de peines, il est certain que ceux qui bouleversent n'ont pas d'autre avenir que l'ordre pour dernier but, et la stabilité enfin dans l'avénement qu'ils rêvent et proposent, et que les plus infâmes mêmes n'agiraient pas, ne bouleverseraient pas sans cela.

C'est donc une allure réglée et uniforme, mais juste des droits de chacun, que tout le monde veut. Quels sont les droits de chacun ? Ici la difficulté commence.

CHAPITRE II.

Continuation.

On est assez d'accord sur ce qui est injuste ; c'est contre les injustices, autrement ce que l'on appelle les abus que l'on se soulève et que se font les révolutions.

Ce qu'il faudrait trouver, ce n'est pas un correctif et un remède pour aujourd'hui et pour les circonstances actuelles ; la plus belle découverte à faire dans les temps modernes, serait une assiette sociale rationnellement inébranlable et immuable à tout jamais pour tous les peuples de l'univers ; ce serait le repos général et à perpétuité des masses, garanti sur l'intérêt même des masses. Je laisse les remèdes partiels.

J'avoue que ce serait la seule chose qui tenterait sur-tout la dignité de mon intelligence; et si ce n'est moi, qui doit tenter toute intelligence humaine, qui sent et qui souffre de tant de bouleversemens, d'élancemens et d'incertitudes. Ce bonheur, sera-t-il donné même à aucun homme de le trouver jamais? Je ne sais, mais celui à qui il sera donné de le trouver, ne doit point prendre de repos jusqu'à ce qu'il le trouve.

CHAPITRE III.

Des droits des pauvres.

On a dit : La critique est aisée, mais l'art est difficile. Cela est vrai; on voit bien les abus, on convient bien des abus et des mêmes abus; c'est d'un nouvel arrange-ment, d'un autre agencement de choses qui ne contienne point d'abus, dont on ne peut convenir.

Le premier droit de l'homme arrivé à la vie c'est de vivre.

Il ne faut à l'homme que le nécessaire; il n'a pas droit au superflu. Que faut-il donc strictement à l'hom-me? Je trouve : le vivre, le couvert, l'habillement, les soins dans la maladie. S'il n'a pas cela, il faut qu'il périsse.

Il faut que son travail lui fournisse tout cela quand il est jeune; il faut qu'il ait tout cela sans plus travail-ler quand il est vieux. Autrement la société n'est pas organisée et n'a point de garantie de durée.

Sauf les soins dans la maladie, la brute a tout cela; quand elle n'a pas tout cela, elle arrache à ses compagnons. L'homme seul, parce qu'il a la raison et la conscience, se laisse défaillir et périr plutôt que d'arracher aux autres; c'est un des abus d'une civilisation imparfaite que de périr ainsi; mais il est évident qu'il faut que cet abus cesse sous la prétention à la perfectibilité.

Il faut que cet abus cesse, non pas encore si vous voulez de vive force venant de ceux qui souffrent, mais par l'inniabilité des représentations qui seront faites par ceux qui souffrent, et que ceux qui ne souffrent pas ne peuvent repousser.

CHAPITRE IV.

Continuation.

Si les classes souffrantes n'ont plus le nécessaire, il faut le leur rendre, si l'on veut que l'ordre actuel, quel qu'il soit, chemine et continue.

Comment le leur rendre? Il est évident que c'est par un abandon et une départition quelconque des fortunes qui, selon moi, sont accumulées sur un point, inutilement pour le point où elles s'accumulent, mais mortellement pour les mille autres points qu'elles délaissent.

Je ne peux pas bien m'expliquer la force sociale, les sorts, les accidens de l'argent et de la fortune. J'entends bien qu'on l'explique, j'entends bien qu'on parle et qu'on fait taire les autres, et que beaucoup applaudissent; mais je ne comprends pas bien.

Partager la masse de toutes les fortunes en portions égales qu'on remettrait à chacun ne servirait de rien; outre l'impossibilité, outre l'injustice, outre l'infamie, tout serait à recommencer pour beaucoup avant six mois, pour tous avant vingt ans. Il y a vraiment des incapables, il y a des insensés qui jettent et déperdent on ne sait comment; des tristes, au contraire, des ladres, des forts, à qui tout s'amoncèle : outre l'injustice, outre l'infamie, ce n'est qu'un remède à temps. Ce n'est pas cela.

Faire des systèmes compliqués et obscurs et tout de confiance, comme les St.-Simoniens, qu'ils corrigent tous les jours, qu'il faut des années pour comprendre et qui ne répondent pas même de six mois d'avenir, c'est créer des difficultés pour les combattre. Les exécuter serait payer des primes à la nouveauté, à la déraison et à l'imprudence. Ce n'est pas cela.

Il me semble, moi, que pour rendre le nécessaire à ceux qui l'ont perdu, il faut tout bonnement rendre le nécessaire; et l'on sait ce que c'est que le nécessaire ; on peut le calculer à l'instant; il n'est pas tant de chose.

En redressement, comme j'ai déjà dit, les moyens les plus simples sont les meilleurs ; les biens simples sont même les seuls qui répondent de l'avenir, les seuls dignes de l'expérience. L'homme est trop borné pour voir de si loin.

CHAPITRE V.

Continuation.

Reprenons encore : Quel est donc le nécessaire ? C'est en résumé l'existence journalière et raisonnable pour les uns et pour les autres jusqu'à la fin de leurs jours. J'entends l'existence journalière telle que leurs conditions respectives le comportent et la leur ont faite. On ne leur doit que cela ; et non seulement on ne leur doit que cela ; mais ils seront contens et heureux de cela.

On fait des menaces aux riches et aux heureux ; on les leur prodigue ; les hommes sont devenus un peuple d'ennemis. Si l'on disait aux riches et aux heureux qui ont évidemment de trop, je ne dis pas en fonds, mais en revenus : donnez une partie de ces revenus pour ne plus entendre ces menaces, pour être bien tranquilles, pour vivre en frères avec ces ennemis et à l'abri d'attaques, croyez-vous qu'ils ne la donneraient pas ?

Si l'on disait aux riches : Vous donnez déjà de votre revenu pour être gardés la nuit, pour être défendus des nations ennemies, pour avoir vos propriétés garanties et vos jouissances ; vous donnez déjà une minime partie de votre fortune ; c'est bien jusqu'ici ; mais le besoin social augmente, ce n'est plus assez ; il faut donner le double. Et moyennant ce double vous allez continuer d'être garantis, d'être défendus, vous et vos descendans, peut-être indéfiniment et à perpétuité, mais bien certainement pour de longues années, pour au moins un siècle. Croyez-vous qu'ils ne le donneraient pas ?

Et si l'on ajoutait : Ce double d'impôt que vous allez donner sera employé non pas en aumônes qui ne garantissent rien, mais en travaux généraux et publics dont vous retirerez, vous riches, la plus grande part encore de profit et d'usage ; et moyennant cela, le train ordinaire des choses et de votre vie va continuer ; les supériorités, les faveurs, abus certainement, mais indestructibles, vont vous demeurer, et voici le garant de nos promesses : Votre examen à vous-mêmes, votre rationalité, votre propre jugement à vous-mêmes, croyez-vous qu'ils ne s'écrieraient pas : Non seulement le double de ce que nous payons, mais encore le triple ! Et en effet qu'auraient-ils à perdre ? Ils payent bien souvent plus cher que ce triple un tout seul de leurs plaisirs.

CHAPITRE VI.

Continuation.

Ils ne le donneraient pas. Je sens en moi-même qu'ils ne le donneraient pas. Misérables ! ils le doivent pourtant ; ce sont eux seuls qui le peuvent et on le leur arrachera. Je me mettrais à genoux, je pleurerais devant eux pour les en supplier, et devant la multitude. Quoi faire donc !

On s'étonne que noblesse et rois n'aient jamais voulu faire de concessions à temps, malgré les exemples du passé. C'est qu'il n'est pas possible à celui qui a de rien lâcher que par la force ; c'est que la fortune et la supériorité hébêtent trop l'homme. Et c'est une chose inouïe pourtant comme l'homme dépouillé se résigne facilement et continue tout bonnement de vivre, après avoir semblé ne pas pouvoir se départir d'un iota sans mourir. Il fallait donc donner une partie, plutôt que se laisser arracher le tout. Mais voilà la raison humaine.

La même chose est à apercevoir aux aumônes des riches : ils donnent un liard à leur porte à quelques-uns de leurs mille pauvres, tremblant toujours de vider leur fortune ; et tant d'inquiétudes, et de si grossières injustices, pourquoi ? Pour pouvoir commencer toutes les modes sur une promenade publique, fixer toutes personnes, et ne baisser le regard devant qui que ce soit, ne sentir de soufflet d'aucune supériorité, c'est-à-dire, se sentir supérieur soi-même, et s'épanouir dans sa propre complaisance ; car notre esprit ne fait pas faute, quand rien ne l'avertit et ne le soufflète.

Les pièces d'or ne coûtent rien alors ; des amusettes envahissent des fortunes, parce qu'elles sont jugées nécessaires : c'est pour soi-même. Et l'on donne un liard quand il s'agit d'une nécessité vitale à un autre. Oui ; mais voilà le cas qu'il faut faire de votre raison humaine.

CHAPITRE VII.

Proposition.

A tous hasards cependant je viens le leur dire, sans autre mission que mon intérêt pour eux, que ma souffrance à la vue des misères, et que le droit de l'éternelle justice ; je me sens bien fort. Et voici mon plan :

Travail suffisamment payé à qui que ce soit qui en demandera ; soucis et prévoyance pour les momens d'impuissance, qui sont la vieillesse et la maladie.

Travail à qui que ce soit : parce qu'il est évident qu'on n'a pas le droit de refuser au moins du travail à qui demande du pain ; parce qu'il est évident que nul ne demandera jamais du travail que pour ses besoins, le travail étant un assez dur salaire du prix qu'on lui donne.

Soucis et prévoyance : parce qu'il est certain que les incapables n'ont point de prévoyance ; en attendant du moins que l'homme ait appris à prendre soin de lui-même, si les incapables doivent s'éteindre un jour ; ce que je ne crois point.

Et voici ce qui en arrivera : l'argent de ce travail sera rendu de suite par les ouvriers et échangé en besoins. Le détaillant, le fabricant épuiseront leurs produits, et feront travailler eux-mêmes. Ce sera une roue éternelle de prêtés et de rendus jusqu'à la fin de l'humanité. Plus de ces points d'arrêt sans remède qui désolent et poussent à bout. Tous seront occupés, sûrs de leur existence et à peu près tranquilles ; hors les gens à grandes passions qui sauteront d'un degré selon les obstacles voisins et leur énergie, comme aujourd'hui ; hors les imprudens et les incapables. Mais ceux-ci resteront isolés et sans force, la foule fera ses affaires, aura lieu d'être satisfaite, et n'étant plus forcée de faire cause avec eux, les laissera se morfondre jusqu'à ce qu'ils se corrigent.

Pour du travail il faut des fonds. Voyons pour avoir des fonds d'abord ; nous verrons à les employer après.

PARAGRAPHE II.

CHAPITRE PREMIER.

Fonds à faire.

COMBIEN y a-t-il de communes en France ? On en compte, je crois, quarante mille. Soit dans chaque commune vingt familles à nourrir et à faire travailler ; c'est trop, mais n'importe ? A quatre individus par famille, c'est quatre-vingt par commune. Je dis quatre-vingt à nourrir, mais non pas à faire travailler ; les enfans en bas âge et les épouses déduits, il y en aurait tout au plus moitié.

Soit donc seize cent mille hommes à faire travailler par jour à un franc cinquante centimes; soit enfin huit cents millions de francs à trouver chaque année pour le travail. On voit que je néglige les pays de fabrique et d'usine, lesquels sont déjà occupés et n'ont plus besoin de travail, et que je suppute au plus haut.

Fallut-il un milliard d'effectif à trouver tous les ans en surplus du budget ordinaire ? Je suppose un milliard. Le budget ordinaire ne serait pas touché et s'administrerait tout de même qu'aujourd'hui. Celui que je propose serait tout-à-fait chose à part.

En demandant un milliard, je demande trop. Certainement j'exagère ; qu'on en mette la moitié, et l'on verra déjà. Mais enfin passons.

Et on le trouvera. On a bien trouvé cette année quinze cents millions pour les frais d'armement : six cents millions déjà de plus qu'année commune, sans les fonds votés pour travaux par chaque localité, cent millions encore pour le moins. Voilà sept cents millions tout près, et les hautes fortunes n'ont pas été atteintes. Il ne s'agit que de continuer tous les ans ainsi, à la différence de ménager désormais les petites fortunes, et d'atteindre les grandes.

CHAPITRE II.

Continuation.

Donc un milliard à trouver. Pour cela, frapper sur les riches, et rien que sur les riches et sur les gens à l'aise; ne pas toucher aux autres. A partir de soixante, ou cent, ou cent-cinquante francs, plus ou moins, d'impositions, comme on jugera, jusqu'indéfiniment, doubler, tripler les impôts sans miséricorde, ce n'est que justice.

Ils ne voudront pas? Ils voudront; il faut bien qu'ils veuillent; proposez seulement. Qu'importe au nécessaire d'un homme qui paye deux mille francs d'impôts d'en payer trois mille? Au lieu de huitmille francs de revenu, il en aura sept. C'est assez, il n'aura pas une privation de plus s'il veut être sage, et il faut bien qu'il soit sage. Tant pis pour lui s'il ne l'est pas.

Qu'importe à un autre qui paye dix mille francs d'en payer vingt mille? C'est quelques nuits à payer de moins dans une année à une actrice, et quelques chevaux fins à troquer de moins. Qu'importe à un marchand qui paye de cinquante à deux cents francs d'en payer le double et même le triple s'il gagne mieux sa vie? Il en payerait mille à cette condition et avec transport; il aurait tout récupéré avant trois mois.

Je n'ai jamais compris ces clameurs contre l'augmentation de quelques francs sur les impôts, non plus que

tant d'économies qui deviennent engouement. Trop d'é-
conomies tuera la civilisation. Ce ne sont pas les impôts
qui ruinent, c'est le non bénéfice. Qu'on paye ce qu'il
faut et qu'on soit tranquille, et qu'on gagne davantage,
tout sera récupéré avant trois mois; et chacun compren-
dra ceci.

CHAPITRE III.

Continuation.

Je sais que les propriétés foncières ne peuvent être
envisagées sur ce pied-là. Qu'on frappe donc alors un
peu plus le commerce, je crois que c'est justice, mais
surtout les rentiers et les capitalistes; tout ce qu'on
voudra, pourvu que ce soit mieux et qu'on arrive au
but : *Faire une masse de fonds.* Les moyens d'exécution me sont étrangers; je ne tiens pas aux miens; je n'y
ai pas encore réfléchi.

Je sens que la société touche à sa dissolution à force
de souffrance, et j'ai assez de confiance dans la Providence pour croire que cette société doit avoir en elle-
même le moyen de se relever et se maintenir. Je n'en
vois point d'autre que le rétablissement de l'équilibre
par un partage quelconque des fortunes.

Et je le dis, je veux seulement une chose : c'est
qu'on s'intéresse au peuple, qu'on soulage le peuple,
qu'on le fasse travailler; car je ne vois que le travail,
et sur une grande échelle.

Et que ce soient les riches et les riches seuls qui y fournissent, parce que ce sont les seuls riches qui peuvent
y fournir ; et que les riches, parce qu'ils sont les forts,
ne se retirent pas encore, comme ils ont toujours fait.

Si l'on veut modifier avec mon projet, divers autres
impôts, comme ceux sur le vin et le sel, qu'on le fasse
encore. Encore une fois je ne tiens pas du tout à mes
combinaisons. Ce qu'il me faut c'est de l'argent d'abord,
c'est une masse de fonds pour jeter du travail autant
qu'on en voudra, et pour répandre le bien-être ; et avec
le bien-être la paix entre les hommes, et la tranquillité à
toujours. C'est une masse de fonds, dis-je ; c'est là la
difficulté ; je n'avance pas plus loin sans cela. Je suppose
qu'elle est faite.

CHAPITRE IV.

Continuation.

Qu'on remarque bien que je ne demande que sur le
revenu ? Je ne touche pas au fonds. Le fonds, la propriété de la chose demeurera toute entière ; la jouissance
de ce fonds et de cette propriété demeurera aussi. Je
ne demande que le superflu du revenu, ce que l'on en-
tasse stupidement ou ce que l'on jette ; ce que l'on entas-
serait toujours stupidement jusqu'à la fin des siècles, dût-il
s'accroître mille fois davantage, je demande seulement
l'inutile. Donnez-nous aujourd'hui notre pain quotidien,
nous a fait prier Jesus-Christ ; aujourd'hui pas même

pour demain ; et c'est bien la rationalité même humaine, pour notre vie d'un jour. Mais je suis loin d'aller jusques là.

Croit-on que je m'abuse, que je m'abandonne follement, que je ne sente pas ce mot d'inutile que je prononce ; que je ne comprenne pas ce que c'est que de demander la moitié, le quart, le huitième, de leurs revenus à des gens qui ne comprennent rien dans ce monde que ce mot magique de propriété ? Non, non, je ne suis pas un insensé ; je sais la portée de ce que je demande et tous ses obstacles ; j'entends les recris, j'entends les injures, je vois les fureurs, je vois les mépris, les pitiés, les blessures de tous ceux que je blesse. Je les blesse cependant, parce que je me soucie peu de leurs blessures et de leurs souffrances qui ne seront jamais que nominales, vis-à-vis des souffrances actuelles, réelles, injustes, infâmes dont eux riches ne se soucient pas. Je les blesse dans leur propre intérêt pour les forcer à retourner la tête et à regarder, pendant qu'il est encore temps, des désespoirs qui ont encore du remède, et qui n'en auront plus un jour viendra.

Ceci ne dut-il pas arriver, je les blesse pour les forcer à guérir, à panser du moins des maux que notre état de raison ne comporte plus, que notre justice, que nos nerfs rendus trop délicats par la civilisation, ne peuvent plus endurer, ou n'endureront plus long-temps ; on arrivera tôt ou tard à ce que je demande, ou l'univers rétrogradera. La conscience d'un homme seul peut s'endurcir aux remords ; la conscience des nations, non.

On donne peut-être en aumônes, sur toute la surface

de la France, ce que je demande. On le donne du
moins à peu de choses près ; mais les répartitions sont
mal faites, ne sont pas organisées, ne sont point assu-
rées du lendemain au lendemain, d'année en année, et
les inquiétudes subsistent, et l'on ne peut compter sur
rien.

CHAPITRE V.

Continuation.

Remède violent sans doute ; remède pourtant juste et
encore plus nécessaire, parce qu'il n'y a point de compa-
tibilité possible entre l'état actuel des misérables et l'état
actuel des lumières. Après tout, puisqu'il faut de l'argent, on ne peut prendre l'argent que là où il est.

On peut, avec des lumières, comprendre l'organisation
de ce monde, s'imposer des privations et se résigner même
à la pauvreté tout en vivant près de l'opulence ; mais
avec des lumières on ne consentira jamais à la misère,
venant ou de l'oubli, ou du mépris et de l'insouciance ;
à bien plus forte raison, chargé de ce mépris et de cette
insouciance jusqu'à n'avoir pas même les besoins de la
brute.

Je suis commerçant, je paye 350 fr. d'impositions ;
j'offre d'en payer 1000 chaque année si mon plan
s'exécute, ou un équivalant. Je me ferai connaître quand
on m'en sommera.

CHAPITRE VI.

Continuation.

Le moyen d'atteindre les fortunes cachées, dira-t-on ?
Cela est vrai; si l'on impose sur des données inexactes,
et qu'on fasse de l'arbitraire, on fera partir les capitalistes, ou même si, sans faire l'arbitraire, on impose sur l'é-
chelle présumée des fortunes, sans autres moyens que ceux
connus jusqu'ici. Il faudrait que tous les gouvernemens
se donnassent la main sur ce point, pour forcer l'égoïsme
de toutes parts; mais cela ne se fera point. Il faudrait
que les capitalistes fussent assez raisonnables pour dé-
clarer chacun leur fortune et livrer franchement leur
quote-part; mais cela se fera encore moins. C'est donc
le moyen d'atteindre la fortune qui arrête; ne le cher-
chons point maintenant pour ne point allanguir mon idée.
Supposons qu'il sera trouvé; on le trouvera.

A la Chambre on s'évertue à des questions de théorie,
fort bonnes en soi, mais certainement de deuxième ordre; la première nécessité de l'homme ce n'est pas l'instruction, ce ne sont pas les lois, ce n'est pas même le
mieux moral. La première nécessité, c'est de vivre; vis-
à-vis de celle là, il n'y en a point d'autre.

Je ne vois pas un homme jeter du haut de la tri-
bune, l'offre d'un millier de francs par an de ses revenus pour les misérables. Je vais irriter ou faire bien
sourire : tous ne pensent qu'à leurs enfans, et cette ex-

6

cuse qui n'est même pas vraie pour plusieurs, que mille qui la disent ne comprennent même pas, qui, fût-elle même vraie, n'est qu'un plat égoïsme, a été jusqu'ici bêtement sans réplique.

Mais il n'est pas permis de pourvoir deux ou trois individus sur cent mille, de quelques jouissances de plus, au risque de priver ces cent mille du simple nécessaire; tout superflu est infâme, tant qu'il reste à satisfaire un seul nécessaire. La paresse, l'imbécillité, la prodigalité, l'insouciance, sont des défauts, sans doute, sont des choses mauvaises; mais qu'est-ce-que cela fait? Il faut pourtant bien que ces gens là vivent. Sont-ils dignes de vivre? Les brutes j'imagine, sont encore au-dessous et vivent pourtant bien. C'est parce qu'ils sont incapables qu'il faut prévoir pour eux, et ne vous plaignez pas qu'il y ait des incapables, vous ne seriez pas si heureux, ni suppliés aujourd'hui sans cela.

Ce qu'exige la nature et la morale, et la conscience pour un père, c'est que son enfant ait pour vivre; le surplus est de l'orgueil, de l'ambition, de la passion; qu'on laisse donc à cet enfant, un, deux, trois mille francs de rente selon sa condition. Mais qui réglera l'ambition et les droits de chaque condition? Sans doute que c'est là la difficulté; mais ce que le borné et l'égoïsme ne sauraient jamais faire, la société, la loi, le fera de force, c'est ce que je prêche. Au surplus qu'on se rassure, je suis loin d'aller jusques là.

Qu'on laisse, dis-je, à cet enfant, un, deux, trois mille francs de rente, c'est assez; il ne souffrira déjà plus ainsi: s'il veut avoir davantage, qu'il travaille lui-même. Le surplus de jouissances, dis-je, acquis aux dépens du nécessaire des autres, est une immoralité, est un vol. Il est certain qu'on arrivera un jour à ceci; mais qu'on y vienne donc un jour plus tôt, et de gré. La conscience et l'intelligence sont assez éclairées maintenant pour en faire une résignation, si ce n'est encore un vouloir.

Faut-il donc toujours attendre que les malheureux arrachent? Eh bien! ils arracheront et ils n'auront pas même les torts. Ne veut-on pas voir que cette civilisation que l'on chasse avec des coins et à coups de masse, inflige à ceux qui la reçoivent des prétentions plus hautes? Et que l'homme qui, brute, croit qu'il est fait pour souffrir et mourir en brute; et consent à souffrir et mourir ainsi, n'y consentira plus quand il aura appris?

Si j'étais député, avant de laisser discuter le moindre article de loi et peut-être même l'adresse, je jeterais avec amertume et toute ma douleur, cette idée que j'ai depuis long-temps et que j'ai eu la faiblesse de n'oser jamais dire. Je crierais: *De l'argent pour avoir du travail.* Je percerais, je traverserais toute discussion quelconque de mon éternel retour, jusqu'à ce qu'on s'y arrête. J'insulterais cette masse de lâches, de sourds et de vils, s'ils étoient sourds et lâches; et si l'on me rappelait à l'ordre, si l'on m'appelait insensé, si l'on me chassait, j'embrasserais avec délices mon outrage, honneur de ma vie, car la plaie serait faite et les fruits seraient sûrs.

CHAPITRE VII.

Continuation.

De l'argent !..... Ce sont les supérieurs, ce sont les riches qui font les lois, et ils vont le frapper là où il n'est pas, sur le pauvre, tandis qu'il est sur eux, chez eux faiseurs de la loi. Ils affectent le tabac, le vin, consolation du misérable ; le sel sa nécessité première. Ils disent que c'est en raison de leur immense consommation qui fait un revenu immense : ils disent que si on les dégrève, ce sera cent, deux cents, trois cents millions de revenus perdus pour l'état. Mais pour Dieu donnez-les donc ces trois cents millions, vous qui les avez ; vous qui n'en souffrirez pas ; et n'allez pas les prendre là où ils ne sont pas. Ce ne sont pas ceux qui ont l'air de les donner, qui les donnent ; c'est vous qui les leur prenez, qui leur retenez un seizième, un huitième, peut-être un quart du prix de leur journée de travail ? Donnez-les, vous qui les avez ; ne cherchez pas, ne scrutez pas, n'imaginez pas tant. On ne fait rien de rien. Donnez-les ; les voilà ces trois cents millions si introuvables. Soyez non pas généreux, il vous en coûtera trop peu ; non pas justes, vous ne sentez pas la conscience ; mais politiques du moins, mais bons conseillers de vous-mêmes ; car ayez au moins la mémoire, si vous n'avez pas la conscience.

Je serais fâché d'émettre ces paroles devant les malheureux pour qui je supplie; mais il faut le dire aux riches, il est temps, les choses ne peuvent pas durer ainsi. N'y eut-il pas de guerre, n'y eut-il plus d'émeutes à force de prévoyance, de fermeté et de génie, je dis que la misère toute seule entretiendrait le désordre; car il est désormais impossible de vivre.

CHAPITRE VIII.

Théorie de l'Aumône.

Qu'on regarde bien la société humaine : toutes les supériorités, soit d'honneur, soit de fortune, ne s'acquièrent que par des arrachemens et par la force. Les arrachemens ne sont pas bruyans, mais ils sont pourtant des arrachemens. Un fait : c'est que nous avons tous besoin, et par le fond intime de notre nature, des supériorités qui sont les priviléges. Un seul les atteint pourtant ; c'est une preuve sans réplique que pour les atteindre il a détrôné ou refoulé tous les autres. Il a été le plus fort, non pas à une fois et d'un seul coup, mais imperceptiblement, tous les jours et toujours. Il a lutté, il a combattu avec quelque chose, et il a enfin vaincu.

Qu'est-ce que l'activité, l'intrigue, le génie ? Sinon des forces, qui saisissent en même temps que plusieurs autres forces, un seul et même intérêt, et qui lassent ou emportent les concurrences incapables ?

Infériorités donc pour infériorités, arrachemens pour

arrachemens, il est certain que pour obtenir tout seul il a fallu frustrer, il a fallu détrôner et dépouiller bien des droits; droits qui étaient communs à tous les concurrens, jusqu'au moment de la défaite de tous et de la victoire d'un seul. Cette victoire alors devient la propriété et le droit du seul victorieux; et la loi elle-même le lui garantit alors et le sanctionne, pour la tranquillité une fois dite de la société entière, qui, sans cela, serait toujours en bataille. Mais cette sanction de la loi, c'est la sanction de la force et de la puissance, et rien que la sanction de la force qui est devenue un droit.

La différence d'un vol à main armée et de ces arrachemens imperceptibles et légaux dont je viens de parler, qui fait que la société ne dit rien et semble s'accommoder des uns tandis qu'elle flétrit et poursuit l'autre; c'est que ces arrachemens sont paisibles et en harmonie avec l'allure sociale, qui est aussi toute paisible et toute d'arrangement; tandis que l'autre est tout brutal, tout de violence et éminemment en dehors de l'ordre, qui est la continuation régulière des droits de chacun; condition première de toute société et de toute agglomération d'hommes.

La société n'ayant que ses intérêts à régler, n'a ni caractère ni puissance de s'enquérir de ce qui se passe au fond des consciences et se tait; mais elle ne préjuge rien et ne sanctionne rien que pour son allure matérielle à elle société. Ajoutez à cela que la volonté de la Providence a l'air de se révéler par l'accord qu'elle fait de la force aux besoins qui la réclament.

Je suis loin de vouloir confondre les deux cas et de

tout remettre en question. Je reconnais , certes , que l'un a autant de privilége sur l'autre, que l'homme en a sur la brute; tous droits et réclamations de la conscience étant observés, bien entendu; mais que ceci, que cette comparaison violente que je fais à dessein, ramène pourtant à cette reconnaissance : que telle nécessité que je ne spécifie point, vis-à-vis la puissance et la propriété qui, d'arrachement est devenu un droit, et un droit véritable ; que telle nécessité, dis-je, des misérables, comme est faite la composition de l'homme (intelligence et conscience) demeure aussi à jamais un droit, et un droit imprescriptible.

Je suis persuadé que c'est d'après ce principe : que ce droit imprescriptible du misérable lui demeure, que l'aumône est non pas un don, mais une dette; c'est une restitution à qui il a été pris et qui ne doit pas reprendre; et cette restitution doit être exacte et complète, autant que possible. Elle est un devoir, même pour ceux qui n'ont pas arraché eux-mêmes, et qui n'ont que recueilli de leurs pères. L'obligation suit la chose partout où elle passe, et l'héritier est passif de la dette du mort. Laquelle dette a bien une prescription devant la loi humaine, mais nulle prescription devant la conscience.

PARAGRAPHE III.

CHAPITRE PREMIER.

Emploi des Fonds.

Routes nouvelles à ouvrir, anciennes à redresser en ligne droite et à niveler, hauteurs à abattre, fonds à combler.

Chemins vicinaux à créer, ponts sur les rivières et sur les moindres ruisseaux, de manière à ce qu'il n'y ait pas un coude dans les chemins, pas un seul détour d'un point à un autre, pas une inégalité de terrain d'un point à un autre, pas un village, pas une habitation qui n'ait sa chaussée et sa communication solide, et à l'épreuve par toutes les saisons de l'année.

Cours d'eau à curer, à redresser contre les inondations ; voilà déjà des montagnes à changer de place et du travail pour bien long-temps.

Quand ce sera fini : carrières à extraire, monumens publics à construire, monumens gigantesques comme les pyramides, pour le souvenir d'un autre âge ; quand il n'y aura plus rien à faire, montagnes à changer de place alors, et à reporter ensuite : travail enfin, travail quelconque, car il faut du travail et de l'occupation aussi impérieusement que je demande des fonds.

Quiconque voudra du travail, qu'il en trouve; que le refus du travail soit inouï et impossible, il n'est pas permis; que celui qui sera vu oisif soit chassé au travail; chassé, dis-je, puni, frappé même, ou enfin enfermé; on en aura le droit, il sera mauvais citoyen, la paresse a des raisons profondes, un tel homme est à craindre.

Plus d'aumône, l'aumône même est immorale; elle n'est légitime et respectable que comme secours d'accident, momentané et actuel d'homme à homme. Cependant jusqu'à l'organisation et le versement du travail à tous les hommes de l'univers, l'abolition de la mendicité est un meurtre.

L'homme fait, gagnera vingt-cinq ou trente sous par jour, selon qu'on jugera; il ne faut pas marchander avec les nécessités humaines; il ne faut pas prodiguer non plus. Je dis nécessités : les nécessités seules sont à satisfaire, les surérogations, non. Il ne faut pas s'y tromper : le cœur de l'homme étant infini, il est insatiable; il contiendra toujours du vide, quoiqu'on fasse, il souffrira toujours. Les nécessités seules sont à satisfaire, c'est même le nantissement et la garantie du salaire; sans nécessité l'homme ne travaillerait point. Au reste, la taxe des pauvres ne suffirait plus aux surérogations, et je le répète, la nécessité seule a le droit *jus* d'exiger et d'arracher le partage.

CHAPITRE II.

Continuation.

L'homme fait, dis-je, gagnera trente sous par jour, le pubère un peu moins, le plus jeune encore moins, selon qu'on établira encore. On verrait à faire accorder le temps du travail avec l'instruction pour ces derniers. Le prix de la journée sera réduit de cinq sous en hiver, afin qu'au recommencement de la saison, le surplus du temps à donner ne paraisse pas injuste et n'excite point de murmures; mais j'abandonne les points de détail. Le travail serait aussi à la tâche, au lieu d'être à la journée.

On aura soin que le salaire à donner soit calculé selon les localités, afin de ne point ruiner d'ouvriers, les pays de fabrique, et ne point mettre ces fabriques hors de concurrence avec celles des autres points de la France ou de l'étranger.

Il faudrait aussi une pensée, pour les veuves, pour les orphelins, pour les cas de maladie ou d'incapacité physique; il est aisé de voir que tout cela est de développement de détail, bien exécutable; mais dont je ne parle point, étant pressé par le temps.

Je sais bien que pour une telle organisation, il y aura du travail à faire, et beaucoup de travail; je sais bien que mon plan ne sera point exécuté, qu'il n'est pas digne de l'être; je l'acheverai pourtant, l'exécution telle que je la dis, pouvant en être inexacte, mais le principe en étant bien certain, aussi vrai que j'ai une âme, à savoir : le versement d'un mieux-être aux masses, et la départition quelconque des fortunes aux misérables, par le travail.

CHAPITRE III.

Continuation.

Sur ces trente sous par jour, six sous, ou plus encore, seront retenus chaque jour à chaque ouvrier pour lui former une masse, de manière à lui faire une retraite et une existence suffisante, quand l'incapacité du travail viendra. J'estime que le moment de la retraite serait à soixante ans, et que vingt sous par jour de retraite suffit.

De vingt à soixante ans, il y a quarante ans ; à trois cents jours de travail par année, la retenue journalière de six sous fera par an quatre-vingt-dix francs, ou trois mille six cents francs pour les quarante ans. La retraite serait plus forte si l'on avait commencé plus tôt.

Ce fonds de trois mille six cents francs serait placé sur l'état, à fonds perdu. Quoiqu'appartenant en propre à l'ouvrier, il ne serait point exigible par lui sur ce motif ; mais il serait forcément constitué sur l'état à fonds perdu, dix pour cent. Ce qui ferait par an, trois cents soixante francs d'intérêts, ou vingt sous par jour, à peu-près, comme j'ai dit.

Mais ces six sous par jour de retenue appartiendraient en propre à l'ouvrier, et il pourra dire quand il ne travaillera plus et qu'il se reposera : c'est moi qui me nourris, et non pas l'hôpital, et non pas la bienfaisance, et non pas la grace, pour laquelle le gracié contracte toujours une pudeur, une infériorité, une dette.

La preuve qu'ils lui appartiendraient en propre, c'est qué si l'ouvrier yenait à mourir avant le moment venu de sa retraite, sa masse de retenues, au moment de sa mort, pourrait être affectée à ses héritiers, toujours à fonds perdu bien entendu, mais à un taux d'intérêt proportionné à leur âge. Ceci à être exécuté, oui ou non, peu importe, ne nous écartons point.

Je tiens tant à ceci, parce que l'homme doit se nourrir lui-même, parce qu'il est tel misérable qui, dans ses nécessités, aime mieux prendre et arracher de vive force que de recevoir en don. On pourra l'en punir et on l'en punira, mais je ne sais si ce sera avec justice, et si ce ne sera pas l'épouvantable abus de la force ; car enfin le dû ne se prescrit pas.

J'ai dit nécessité, et je ne dis que cela. J'avance que le superflu doit à la nécessité ; quand le superflu ne paye pas, la nécessité arrache ; elle a presque le droit de refuser la grace.

CHAPITRE IV.

Continuation.

On dit qu'il faut que ce soit la société qui fournisse le nécessaire à la vieillesse et par don, (c'est par grace); moi je dis qu'il faut que ce soit le travail de la jeunesse qui gagne assez pour fournir à ce nécessaire de la vieillesse; c'est bien le moins qu'on puisse accorder à ce travail.

Ce que j'accorderai, c'est que la société pourvoie à ce nécessaire de la vieillesse par une réserve. Pour cela, elle en a bien le droit, elle en a même l'obligation. Quant à l'accorder en don, elle l'a fait jusqu'ici, et elle a dû le faire, aussi ne l'a-t-elle fait qu'en partie, et comment l'a-t-elle fait? Elle l'a fait jusqu'ici, parce que, jusqu'ici, elle a été elle-même incapable et n'a pas compris son devoir; mais le fait est que l'homme est digne de se pourvoir à lui-même pour toute sa vie. Tout ceci est question de dignité et de liberté humaine, et d'amélioration morale.

L'hôpital dégrade un homme et lui répugne, non seulement comme pudeur et comme grace, mais encore davantage comme tyrannie et perte de sa liberté. A soixante ans, quand l'homme n'a plus qu'à s'éteindre et que son âge ne fait plus que compassion et respect, il faut qu'il recommence à apprendre, qu'il réapprenne à vivre, qu'il refaçonne, qu'il ramolisse des idées, des manières ossifiées, si je puis dire; qu'il se replie à l'obéissance d'idées plus jennes et tout étranges; qu'il quitte sa famille, son régime, ses habitudes; qu'il revête un uniforme, livrée et affiche de la misère et de la miséricorde, s'il veut achever sa vie. Certainement tout cela est plein de peines et bien offensant pour la dignité humaine, qui ne peut, qui ne doit pas mourir dans une âme de nature au-dessus des vicissitudes d'une vie un peu plus ou un peu moins heureuse..... Et tant d'humiliations et de stipulations et de souffrances, pourquoi? Pour finir de vivre, et parce qu'il est pauvre!

CHAPITRE V.

Continuation.

REVENONS et répétons encore : les vocations, les capacités ne seront pas faussées ou refoulées par mon système; libre à chacun de sortir de sa sphère s'il en ressent l'ambition et s'il en a les moyens, comme aujourd'hui et plus facilement qu'aujourd'hui. Seulement fournir le nécessaire, le dû aux inférieurs, aux incapables, qui ne peuvent et qui ne veulent que vivre, et qui sont la masse; c'est-à-dire, fournir du travail à qui en voudra.

En résumé donc, rien qu'une chose: que les riches, que les heureux fournissent aux travaux des pauvres, travaux dont eux, riches, tireront profit eux-mêmes, la plus grande part de profit. Y a-t-il rien de plus naturel, rien de plus simple, rien de plus modique, de plus irréfusable, de plus poignant de justice?

S'ils refusent, eh bien! ils sont des malheureux, ils sont des infâmes; et si un jour ils crient composition, eh bien! ils ne mériteront pas de composition. Je m'emporte, j'ai tort, ils la mériteront; toute infortune est digne de composition, et malheur aux autres si, abusant à leur tour de leur victoire, ils la leur refusent. mais pour Dieu, que dès ce jour les riches et les heureux fassent donc composition eux-mêmes à qui les en supplient...! Je n'en peux pas dire davantage.

CHAPITRE VI.

Etablissemens de Médecine et de Pharmacie.

Qu'une fois le travail bien organisé, la vie première de chacun bien organisée et rendue bien certaine, jusqu'au terme de chaque homme, tel que le voudra la nature, le complément intégral de cette mesure arrive; que des médecins, des pharmaciens soient établis dans les villages, qu'il n'y ait pas une seule commune où les soins, les avis de l'art dans les maladies, ne soient à la portée du dernier des habitans, comme il convient à des hommes; et non plus comme aujourd'hui, pour ainsi dire impossibles aux pauvres.

S'il le fallait encore, comme il le faudra, qu'il y ait une attribution fixe de trois à quatre cents francs par année, selon qu'on jugera, pour premiers honoraires à chaque établissement de médecin, soit de la part du gouvernement, soit de la part des communes; les visites feraient le reste; les gens les plus pauvres, au moyen de leur gain bien régulier de chaque jour, subviendraient eux-mêmes en partie à ces honoraires, au moyen d'une taxe en proportion des fortunes, qui pourrait être établie. Ces établissemens de médecine et de pharmacie seraient un moyen de placement à beaucoup d'existences, que la propagation des lumières enleverait à la foule.

Je pense qu'un médecin par cinq ou six communes serait suffisant, suivant les localités; mais qu'on y songe bien, après la vie matérielle assurée, les soins d'un médecin dans les maladies des pauvres, sont de tout premier ordre dans les campagnes, et passent encore avant l'instruction et les lois. L'établissement des pharmacies suivrait de force; la pharmacie ne devrait jamais être entre les mains du médecin.

A quarante mille communes pour toute la France, et à cinq pour chaque ressort de médecin, voilà huit mille médecins pour toute la France, à quatre cents francs chacun de traitement fixe, voilà trois millions.

Peut-être qu'un traitement pareil serait à attribuer aux pharmaciens; mais le fallût-il encore, il n'y aurait pas à balancer; voilà donc six millions par an, c'est une petite somme sur un budget, vis-à-vis du bien à en advenir. Au surplus, ce premier traitement pourrait être rejeté sur les communes, ce qui serait peut-être plus juste et mieux.

CHAPITRE VII.

Autre organisation du travail.

Si l'on pense que mettre à contribution la richesse sera trop difficile et peut-être injuste, qu'on prenne un autre moyen, je ne tiens pas au mien comme j'ai dit. Je ne veux que du travail, de quelque moyen qu'il vienne; mais un travail éternel et sans point d'interruption, pour assurer à mon état d'ordre une non-interruption aussi éternelle. *Travail à toujours, mon ordre à toujours,* est à ce prix.

Qu'on prenne un autre moyen, dis-je, et qu'au lieu de puiser de force chez les riches pour les fonds de ces travaux, que ce soient les riches, par exemple, qui s'associent librement pour ces travaux; qu'ils fassent jusques-là même fructifier ces malheureux fonds, sujet de tant de peines parmi les hommes; qu'ils soient les entrepreneurs de ces montagnes à déplacer, de ces chemins vicinaux, de ces redressemens de route, de ces constructions de ponts, qui, par un péage à temps, viendraient à la longue les indemniser.

Seulement, que le gouvernement intervienne pour la régularisation de l'ordre dans ces travaux, pour leur départition raisonnable et suffisante sur les points nécessaires, leur commencement en temps utile, pour l'empêchement à l'engouement ordinaire à un cours de choses qui commence.

Pour le non-encombrement de ces travaux sur un point donné, qui mettrait pénurie de bras sur ce point, tandis qu'il laisserait les autres sans ouvrage et sans remède, et pourrait ruiner les fabriques ; pour la sage économie de ces travaux, dis-je, et leur prolongation à toujours, ou du moins pendant bien long-temps, jusqu'à ce que, peut-être, une autre modification apparaisse ; car mon ordre à toujours est à ce prix. Donc, que le gouvernement intervienne ; il le faut.

L'assurance du travail par le budget serait plus certaine et conviendrait mieux, mais elle offre plus d'obstacles. Par le budget, on n'aurait pas besoin d'attendre qu'il convienne à des compagnies de se former ; le malaise et le désordre n'ont guères le moyen d'attendre.

CHAPITRE VIII.

Des Ouvriers de fabrique.

J'AI semblé jusqu'ici ne penser qu'aux pauvres des campagnes ; que fera-t-on cependant des ouvriers de fabriques ? Le voici.

J'ai dit précédemment qu'un jour l'Amérique se pourvoirait elle-même, et voudrait encore pourvoir les autres. En effet : il en arrivera de Mulhouse, de Rouen et de la fabrication cotonière, juste ce qui est arrivé pour la soierie à Lyon : il viendra un moment ou les quatre cents, six cents, huit cents mille ouvriers occupés à la filature, au tissage, des cotons envoyés en étoffes aux

nations étrangères, attendront que de nouvelles demandes viennent les occuper, et où ces demandes n'arriveront plus.

Il viendra un moment où ils s'écrieront : Nous ne pou-
vons plus vivre; et où on leur dira : faites des représentations légales; où ils feront des représentations, des ex-
positions de situation légales, motivées, irrécusables, et
où il ne leur sera pas répondu; ou bien, où il leur sera
répondu comme à ceux de Lyon : nous savons votre
détresse, nous savons que vous ne pouvez plus vivre.
Mais voilà notre état de situation aussi à nous.

Voilà ce qu'une aune d'étoffe nous coûte pour filature,
pour tissage, pour teinture, frais généraux, matière
première; calculez vous-mêmes, voilà les prix de demandes, voilà nos factures, voilà les prix étrangers; impossible de vous payer davantage, ou nous allons fermer
nos ateliers nous-mêmes.

Cet état de choses est très-naturel; et dut-on en mourir, il serait injuste, impossible et absurde de n'y pas
vouloir condescendre. Il n'est pas possible, d'abord, de
forcer de travailler à perte, ce n'est que vivre six mois
de plus. Il n'est pas possible ensuite, si Vienne, si Berlin
ont des fabriques de soieries, par exemple, de vouloir
exiger qu'elles se pourvoient à Lyon; cela ne peut pas
être, cela ne sera pas.

C'est ce que n'ont pas aperçu les pousseurs à la civilisation, qui ont été à un but croyant aller à un autre,
qui croient qu'il n'y a qu'à instruire, instruire, fabriquer, fabriquer, multiplier les moteurs, les établissemens, la production, pour où vider tout cela? Néant.
Mes gens ne répondent plus.

Le moment de la transmutation de travail, le moment de la crise où la masse accoutumée à vivre d'un travail, n'en pourra absolument plus vivre, est terrible; mais on sent bien qu'il faut que ce moment arrive, tôt ou tard, pour les nations en avance des autres nations qu'elles approvisionnaient, si les machines, si les moyens de production, si la civilisation viennent à se répandre partout. Bien aveugle ou bien léger qui ne le verrait pas.

Il faut l'attendre, pourtant, pour s'y résigner et bien le saisir au passage. Il est inutile de se récriminer, de se reprocher l'un l'autre; tout le monde a été trompé, tout le monde est malheureux, nous sommes un peuple de malheureux. Il doit y avoir un remède; cherchons-le. C'est le moment de la transmutation qui est la crise; au nom de l'humanité fixons la crise, pour la voir venir; tâchons de la traverser comme nous pourrons.

Recevoir à son giron les populations ouvrières au fur et mesure qu'elles tomberont de leur vol et viendront s'y abattre; occuper à d'autres usages, nourrir s'il le faut les ouvriers de trop, et n'en plus faire de nouveaux; se laisser couler, et arriver à la consommation intérieure et à ses propres ressources saus secousse, s'il est possible, et ne plus recommencer de folie; voilà le remède. Si celui-là n'est pas bon, j'avoue que je n'en vois pas d'autre. Mais il suffira.

Après cela se résigner à l'exploitation et à la mieux-value de notre beau pays (c'est l'agriculture) jusqu'à une nouvelle question encore bien terrible, celle de l'excédant de population, que je n'ai pas encore étudiée. Voilà, dis-je, le remède, actuel du moins et du moment ; mais j'avoue que par là, la civilisation, la progression de l'humanité a l'air d'être menacée et minée. Je n'ai point oublié cet accident, et j'y crois même un remède. Je le dirai plus tard.

CHAPITRE IX.

D'un tort des Ouvriers.

Les ouvriers aussi ont des torts. Avec leur malheureuse habitude de se déranger le lundi, ils consomment véritablement chaque semaine en pure perte le montant de deux journées de travail.

Le prix du lundi d'abord où ils ne font rien, et où ils ne gagnent rien non plus ; la somme après cela qu'ils dépensent ce jour là, et qui ne peut être évaluée à guères moins d'une journée de travail, terme moyen.

Il faut donc alors qu'ils gagnent les quatre autres jours de quoi exister six jours durant, eux et leur famille ; ce qui n'est plus raisonnable, et qui les mettra toujours hors d'état de tenir concurrence avec les pays et les localités de populations plus simples et plus sages, qui ne connaissent de repos qu'un jour sur sept.

Il est évident que s'il est hors de raison de vouloir faire économie sur le vrai nécessaire ; il est hors de doute aussi qu'il faut faire économie sur le superflu.

Voilà le caractère de la civilisation et de la rationalité : est d'amener l'homme à des sacrifices personnels, tout en ne lui montrant que les sacrifices d'autrui. Il n'a pas le droit de choisir le bénéfice et de laisser la perte ; de prendre les autres par la raison et par le sentiment, tout en gardant, lui, ses viles et immorales passions.

PARAGRAPHE III.

Retour sur mon Système.

CHAPITRE PREMIER.

Il y a derrière mon système quelque chose d'incomplet et de désolant que je ne comprends pas encore. Il semble que le genre humain soit miné par une loi générale nouvelle, une gravitation nouvelle qui ne date pas de loin. Il semble que la terre ne produise plus assez pour nourrir ses habitans, et se récalcitre aussi à son tour.

Pourquoi le pain est-il si cher après des récoltes pourtant abondantes ? On dit que c'est le droit sur les grains qui en est cause. Il n'est pas possible qu'il fasse une telle différence.

Il y a un vice, il y a un principe de destruction qui nous ronge : quel est-il ? Je l'ignore.

Je suis mauvais économiste. Je n'ai jamais compris bien des points d'économie politique passés en axiômes ;

quelquefois je penserais que les savans affirment trop légérement. A mon sens, l'économie politique sur bien des points est la dernière portée des causes secondes, et restera long-temps encore le secret de Dieu.

CHAPITRE II.

Du commerce des grains.

Est-il bien certain, par exemple, que le libre commerce des grains soit étranger au haut prix du pain ? J'expliquerais pourtant bien une combinaison qui soupçonne le contraire.

Quand le spéculateur achète, pour condition première et quels que soient les prix, il stipule d'abord son bénéfice comme chose légitime et toute naturelle, et les grains de suite gravitent à remonter de tout ce bénéfice, sans autre raison que ce bénéfice même. Première cause d'enchérissement.

De toute évidence ce bénéfice serait assuré aux spéculateurs, si les spéculateurs pouvaient, je suppose, accaparer et tenir sous le scellé tous les grains d'un pays.

Ce sera la même chose si ce qui reste en grains demeure entre les mains des riches et des habiles, et il y demeurera sans aucun doute ; il ne peut pas demeurer à d'autres par impossibilité.

On conçoit qu'il s'établira alors entr'eux tous spéculateurs et habiles une association secrète, une entente admirable pour la hausse, que rien ne pourra déjouer, jusqu'aux moissons nouvelles. Première augmentation, dis-je, à peu près inévitable et forcée.

Le spéculateur ensuite parcourant les villages avant les momens de vente et de besoins des laboureurs, souvent avant la moisson, offre par là le terrain aux vendeurs et met les chances contre lui. Le producteur se voyant recherché met un haut prix à sa chose, comme cela est bien naturel; augmentation nouvelle tout-à-fait gratuite et inutile. Mais le spéculateur n'y regarde pas trop, assuré qu'il est de faire toujours son bénéfice, quelque cher il achète, pourvu que la somme totale des récoltes de tous les pays producteurs ne le déborde pas.

Il n'a que l'œil à tenir sur tous les points d'où viennent les produits. Une fois les données reçues et bien réfléchies, il peut travailler à coup sûr sans crainte d'irruption jusqu'aux moissons suivantes, à l'aide d'une consommation régulière, premier besoin de la vie, qu'aucun point d'arrêt, qu'aucun événement politique ou commercial n'arrêtera, et dont les chances sont toutes pour la hausse, aucune pour la baisse.

Il peut y avoir quelques chances contre lui. Qui n'a pas ses chances? Mais elles sont peu nombreuses. Je raisonnerai peu la matière, la connaissant peu; mais je sens que les chances contre lui doivent être peu nombreuses.

CHAPITRE III.

Continuation,

DEUX augmentations déjà tout-à-fait inutiles et sans nécessité. J'estime que la première toute seule, la recherche et l'achat dans les campagnes, peut s'élever de suite à quelques francs; la seconde, celle du bénéfice du spéculateur, est moins importante, et sera tous les ans à peu près la même, une simple somme donnée pour former bénéfice, et toujours du même chiffre à peu près. Mais il en vient une troisième.

On sent que la première peut progresser tous les ans, peut remonter sur elle-même, et ajouter tous les ans un surcroît inutile aux prix précédens; que reprenant tous les ans les prix à ce surcroît inutile, et y ajoutant le nouvel inutile de chaque année, cette progression quelque petite on la suppose, chaque fois, peut devenir énorme et intolérable à la fin, par l'addition successive et sans fin des surcroîts annuels.

La superfétation cependant, actuelle à chaque jour, s'écoule aussi chaque jour. Il n'y a jamais rien d'offert; les riches et les habiles tout seuls gardent; lesquels peuvent attendre. Les traficans qui peuvent aussi attendre, qui n'achètent que pour attendre, gardent aussi et attendent. Il n'y a rien d'offert pendant ce temps-là. Les prix se font haut, on dirait pénurie.

Rien ne pressant les détenteurs, ils choisissent leur

terrain, retiennent la bride aux offres, ne lâchent qu'au fur et mesure des besoins, et comme à regret, à la consommation, et maintiennent ainsi par une espèce d'association secrète, jusqu'à la moisson nouvelle, les prix que rien ne force à descendre. Différence essentielle et fondamentale entre leur conduite et celle des paysans laboureurs qui ne peuvent s'entendre entr'eux, partie par malaise, partie par jalousie et par concurrence, et qui forcent par là les offres à temps inopportuns, soit de peur, soit d'espérance.

CHAPITRE IV.

Continuation.

D'opposition à cela : quand le laboureur n'est pas recherché, il amène son bled sur le marché, sans plan suivi, à mesure de ses besoins et idées ; c'est le prix du marché qui est le vrai prix. Il y a toujours des inhabiles et des malheureux ; la marchandise est offerte ; le prix de la veille est un motif pour le lendemain ; le prix de l'un est aussi un motif pour l'autre, et quand les prix s'élèvent, on peut dire qu'il y a cause, qu'il y a pénurie.

Cependant le pain qui, dans toute organisation sociale, doit peut-être toujours se tenir au plus bas prix possible, est aussi toujours au plus bas prix. Des individus souffrent, mais la masse profite ; ceux qui ont l'air de souffrir, ne sont pas même ceux qui souffrent; les propriétaires tout seuls perdent, non pas les fermiers.

Il est vrai qu'il advient un autre aheurtement à craindre : la dépréciation des terres, et par suite forcée, l'abaissement des impôts. Les autres denrées suivront-elles de force? La culture du bled dépérira-t-elle? la valeur de l'argent baissera-t-elle par l'abaissement des impôts et par les fonctions moins rétribuées? Quel rôle ou quel danger d'une nation vis-à-vis des autres, à un tel état de choses. Toujours les abus, toujours les impossibilités, toujours les souffrances.

CHAPITRE V.

Continuation.

CONSOMME-T-ON autant quand le pain est cher? Ou consomme-t-on moins? Quand bien même on consommerait moins sur le total d'une année, parce que le pain est cher; quand bien même on économiserait sur la faim de chaque jour, ce qui est bien possible, je crois que j'aurais encore raison. En définitive, on n'économise pas pas assez puisqu'il est toujours cher.

Si l'on mange à peu près autant, chères ou bon marché que soient les denrées, masse comprise de toutes les substances alimentaires quelconques, jusqu'aux simples légumes, j'ai mille fois raison, parce qu'alors la cherté ne ménage rien, ne sert à rien; parce que chère ou bon marché, la masse des alimens fait toujours assez pour arriver à la fin de l'année. Mais je crois qu'on mange moins et qu'on économise.

Je conçois bien qu'on puisse réduire sur sa faim, sur son vrai nécessaire, pendant un jour, deux jours, huit jours; mais je ne conçois pas qu'on puisse réduire ainsi tous les jours, sans mourir à la fin. Il est vrai qu'on en meurt peut-être, et que bien des morts ne disent pas leurs causes.

Voilà ce que j'avais à dire sur le commerce et les spéculations en grand des subsistances. Je ne crois pas qu'ils soient étrangers à la cherté de la vie.

C'est que je remarque encore que ce n'est guères que depuis cinq ou six ans que les grains se tiennent toujours chers et sans déviation, quoique sous diverses fortunes de récoltes; et que c'est bien l'époque, à ce qui me souvienne, où le commerce des grains soit devenu général et de coutume, et comme d'engouement et de mode.

CHAPITRE VI.

Continuation.

Quoiqu'il en soit, un principe de destruction est at-
taché à nos pas et nous ronge. Je le répéterai avec can-
deur et non sans quelque courage ; j'ai songé quelquefois
que ce principe inconnu et terrible est notre excès même
de civilisation.

Et pourtant d'où vient que cette civilisation, honneur
et relief de l'humanité, qui n'a rien que de noble et
d'avantageux à l'homme dans tout le domaine de l'intelligence , soit cependant cela même qui doive faire
son malheur, et forcément, et sans remède ? Je n'y vois
point de réponse, sinon que l'intelligence de l'homme
serait donc incomplète ; et encore cet axiôme qui ne
sera pas compris, et qu'il est presqu'inutile et hors
de lieu de redire, à savoir : Que c'est l'orgueil qui pro-
met de sauver l'homme, et que c'est l'orgueil qui le
perd.

Je prie qu'on se reporte à la fin de la première partie de mon Livre.

CHAPITRE VII.

Projet contre la tendance à la barbarie.

Rétrograder ? suspendre l'instruction et la civilisation ? Non, je ne le conseillerai pas, je ne le pense pas. Sans compter la peine que j'éprouverais pour ma patrie de la voir en arrière et effacée au milieu de l'éclat et de la supériorité générale, le moyen que j'ai exposé n'a pas besoin de cela pour faire son effet. Je ne le pense donc pas.

Je dirai cependant un moyen praticable et peut-être efficace pour maintenir la civilisation d'un pays contre la tendance à la barbarie, sans troubler les existences particulières, par une instruction qui, à force d'être prostituée, peut devenir indiscrète. Le voici :

Ce serait, sans avoir besoin de répandre à profusion les lumières sur la foule, pour en faire jaillir des génies, et rester au pair des autres nations ; ce serait, dis-je, d'envoyer chaque année des délégués spéciaux dans toutes les villes et villages de la France et dans ses moindres hameaux. Ces délégués rechercheraient sur les lieux, tant par leur propre sagacité que par l'opinion publique, ou tout autre moyen, les enfans distingués en capacités intellectuelles, ou vocations originelles quelconques ayant portée ou relation à l'intelligence.

Ils choisiraient dans chaque village deux ou trois de ces enfans, s'il s'en trouvait à choisir, pauvres ou riches, qui les auraient frappés ; les adresseraient de tous les points de la France sur un point commun. Arrivés au point commun, d'autres délégués spéciaux s'en empareraient, les appliqueraient à une instruction commune et élémentaire ; les étudieraient, tant de caractère, de vocation, de capacité, que d'idonéïté et de spécialité à telle ou telle partie scientifique ou littéraire.

Toute capacité intermédiaire ou moyenne serait renvoyée après quelques années d'essai et de développement. Les supériorités éminentes seulement seraient conservées. Des réglemens particuliers et convenables, tant d'organisation que de garantie aux parens, seraient créés bien entendu. Je laisse les détails.

De tous ces rassemblemens annuels, il se formerait nécessairement deux ou trois autres choix ou classemens gradués, en capacités et spécialités diverses.

Enfin, en suivant une marche progressive et annuelle de choix de sujets, on se trouverait, après les quinze premières années, avoir successivement par année et jusqu'à la fin des temps, le choix des privilégiés de la Providence en organisation. On aurait sans effort et avec certitude l'élite de la France, que l'on n'arrache à présent que du hasard et un sur cent mille, et dont une foule s'épuisent et se rongent sans fruit pour eux-mêmes, et sans fruit pour leur patrie.

Les sciences, les découvertes, les lumières, le goût, la civilisation, enfin, seraient sûrs de ne jamais rétrograder. L'homme pourrait marcher fixement au but pour lequel on dit qu'il a été fait : sans danger, dis-je, pour les existences et les capacités subalternes, qu'aucune ambition et instruction disproportionnées ne viendraient inutilement agiter, et sans danger aussi pour les masses, car la duperie des pères sur le compte de leurs enfans est grande.

Et comme mon cher pays, ainsi que j'aime à le croire, n'a pas été maltraité par la nature et les douces influences du ciel, que les autres nations nous imitent ou ne nous imitent pas, jamais, je pense, elles ne trouveront mieux que cela, si nous exécutons bien les mouvemens et les opérations de détail; et la France conservera, pour le moins, la place de choix qu'elle s'était déjà créée dans une organisation moins parfaite.

Voilà mon projet en passant. C'est une pensée que j'ai dite et à laquelle je ne tiens pas : mon système n'en a pas besoin.

CHAPITRE VIII.

De la consommation intérieure.

Au milieu de cette inconsistance d'idées, et de cette ignorance de remèdes, à l'entrée de cette grande modification sociale, qui s'introduit imperceptiblement par la civilisation, et qui tend à envahir l'univers.

Au milieu de toutes ces négations successives d'assentiment à tant de recherches, à tant de discours et à tant de remèdes; au milieu de cette incertitude et désolation, qui commencent à gagner le siècle, au sentiment de son impuissance, et à devenir inquiétantes.

Je persiste dans mon plan de travail et de partage quelconque des richesses, pour la vie et le nécessaire de tout le monde par le travail.

Qu'arrivera-t-il même de ce plan? y aura-t-il toujours des riches pour pouvoir toujours fournir? la consommation pour chaque pays sera-t-elle réduite à celle intérieure? des nations par là s'appauvriront-elles? que devra faire l'Angleterre contre cet arrêt de mort? qu'est-ce que la richesse des nations? qu'arrivera-t-il aütre de la consommation intérieure?

Car la consommation intérieure est à peu près l'avenir où nous devions tourner nos regards, comme infiniment probable, et peut-être le seul possible; avenir à peu près fixe et immuable, après cela, et où il faudra probablement que la société s'arrête, sauf quelques modifications insignifiantes, ou bien un recommencement de chemin à travers la barbarie, et peut-être autre chose, mais que je ne vois plus. Avenir à tout prendre, raisonnable, et je le répète, où il faut maintenant fixer les regards, comme chose forcément contingente, soit plus tôt, soit plus tard.

Toutefois je persiste dans mon plan, ne voyant rien de mieux; hors de là, voyant tout cahos ou tout décombres, ou tout chimères: j'y persiste, dis-je, sentant bien que forcément quelque chose va nous aheurter et nous faire changer violemment de place, si nous ne prévenons et ne faisons un pas.

CHAPITRE IX.

Dernier aperçu.

Il y aurait encore la colonisation et l'exploitation, non d'Alger, mais de l'Afrique entière, qui pourrait nous sauver pendant deux cents ans; et non seulement nous, mais toute l'Europe.

Hors ce moyen, je ne vois plus que le mien pour moyen général et à stabilité. Il y a encore des moyens partiels ou locaux, ou à temps déterminé; mais je n'en vois point d'autre raisonnable, possible et à toujours, et il n'y en a point d'autre.

Sauf toujours mes moyens d'exécution, qui peuvent être plus ou moins inéxacts; mais je prie que ce ne soit pas un motif de refuser la mesure en principe.

Du moins, nul n'a sur les maux de la patrie, de plus profonde douleur et inquiétude que la mienne, ni de plus entier dévouement.

CHAPITRE X.

Résumé.

Je prie que l'on regarde un peu mes efforts et ma bonne foi, pour sortir des abus et de la souffrance, et la nécessité qui m'y refoule toujours; nécessité d'abstraction, tout intellectuelle et méthaphysique, qui rend motivée cette table de déboires, que, dans le monde matériel et réel, nous trouvons toujours servie devant nous.

Tirons-en cette conséquence, d'abord, trouvée déjà par la philosophie même payenne : qu'il n'y a point de remède aux maux de la vie, que la patience et la constance. Voilà pour ceux qui ne voient qu'une main de fer et la fatalité.

Pour ceux qui remontent jusqu'à l'intention intime de cette inexorable main de fer, il faut ajouter la résignation, le consentement, l'amour ; l'amour des souffrances !.... C'est le dernier terme, c'est l'indéfini.

Replions nos voiles, n'allons pas plus loin ; l'amour des souffrances n'a plus de sens, n'a plus de raison que devant l'attente, le désir, l'ambition d'une autre vie ; aussitôt la mort, cette autre rationalité sévère, mais exacte et complète, est là qui arrive.

Devant cette rationalité combinée avec l'inévitabilité des peines de la vie, l'amour des souffrances, cette amère folie, devient presque rationnelle elle-même.

CHAPITRE XI.

Dernier Résumé.

O mon Dieu ! donnez un remède vous-même à votre misérable créature pour son instant à passer ici de sa misérable vie. L'homme se perd dans ses sagacités ; il ne se retrouve qu'en vous. Vous êtes seul grand, ô mon Dieu ! Les hommes ne sont rien.

Fin de la troisième et dernière Partie.

TABLE DES MATIÈRES.

Fin de la Table.